AF150684

Ramona Suter

Ein *Spektronaut* auf dem Weg zum *Planeten* der *Affen*

novum ◢ pro

Dieses Buch ist auch als
e-book
erhältlich.

w w w . n o v u m v e r l a g . c o m

Bibliografische Information
der Deutschen Nationalbibliothek:

Die Deutsche Nationalbibliothek
verzeichnet diese Publikation in
der Deutschen Nationalbibliografie.
Detaillierte bibliografische Daten
sind im Internet über
http://www.d-nb.de abrufbar.

Gedruckt in der Europäischen Union
auf umweltfreundlichem, chlor- und
säurefrei gebleichtem Papier.

© 2024 novum Verlag

ISBN 978-3-99146-467-9
Lektorat: Maria Hentschel
Umschlagabbildungen: Ernest Akayeu,
ArtistMiki | Dreamstime.com
Umschlaggestaltung, Layout & Satz:
novum Verlag
Autorenfoto: Applejack Engi

www.novumverlag.com

Druckprodukt mit finanziellem
Klimabeitrag
ClimatePartner.com/16547-2311-1001

Inhaltsverzeichnis

Widmung

Ich widme das Buch in erster Linie natürlich meinem Mann, der dem Wort „Liebe" eine neue Bedeutung verliehen hat und ohne den es diese Geschichte nicht geben würde. Ich widme es meinem jüngeren Ich, dem es schon immer Freude bereitet hat, Erlebtes in Worte zu fassen. Ich widme es meinen beiden Engeln im Himmel, die meinen Texten stets mit Wertschätzung begegnet sind. Ich widme es meiner lieben Sara, ohne die mein Segelboot niemals den richtigen Tiefgang hätte erreichen können. Ich widme es Nathalie, zu deren Hobbys die Selbstoptimierung genauso zählt wie zu den meinen. Ich widme es Behare, welche meine Affen von Kindesbeinen an kennt. Ich widme das Buch auch Alessandra, die meiner Beziehung von Anfang an unvoreingenommen begegnet ist. Ich möchte es meinen beiden Schwestern widmen, weil sie meinen Mann ohne Wenn und Aber in unsere Familie aufgenommen haben. Und zu guter Letzt widme ich das Buch Helen, Pädi und meiner kleinen Nichte, weil sie unverzichtbar sind, um diesen wertvollen Kreis zu schließen.

Der Pinguin im Eisbärenkostüm

Immer wenn mich jemand fragt, ob ich zuerst die guten oder die schlechten Nachrichten hören möchte, entscheide ich mich für Zweiteres. Deshalb hatte ich ursprünglich auch vor, mein Buch zuerst mit allerlei ungekämmt haarigen Angelegenheiten zu beginnen. Ich wollte euch gleich am Anfang durch Jammertäler wandern lassen, damit ihr anschließend die Aussicht vom Jubelhorn etwas mehr genießen könnt. Allerdings habe ich meinen Mitmenschen früher freudige Nachrichten sehr lange vorenthalten um den perfekten Moment zu erwischen – oft so lange, dass einige davon noch heute nicht wissen, dass ich mittlerweile keine Windeln mehr trage. Das wollen wir nicht, denn wir wissen bekanntlich nie, wann unser allerletztes Stündchen geschlagen hat. Somit beginne ich an dieser Stelle ausnahmsweise mit einem kleinen Highlight. Etwas, das mir verdeutlicht hat, wie aus einem „Worst Case" ein „Best Case" wachsen kann und dass ich allein es bin, die darüber entscheidet, wie viel Wert ich meinen Stärken zuschreibe.

Am Anfang der Beziehung hätte ich mir niemals vorstellen können, gemeinsam mit meinem Mann zu verreisen, geschweige denn ins Ausland und geschweige denn noch mehr, mit dem Flugzeug. Dies hat mich allerdings nicht großartig gestört, da ich zu diesem Zeitpunkt selbst nicht sonderlich reisefreudig war. Mir langten meine täglichen Ausflüge nach Sofahausen. Es gab unterschiedliche Gründe dafür, weshalb ich gemeinsame Ferien ohnehin noch als utopisch erachtete. Zuallererst hätte dies seine labile psychische Verfassung nicht zugelassen und das Suchtmonster wäre stets im Köfferchen mitgereist. Des Weiteren stellte ich es mir äußerst schwierig vor, ein Projekt zu planen, das bei ihm Unbehagen auslöst, weil er dafür seine Komfortzone hätte verlassen müssen. Und als wäre dies nicht genug, leidet mein Mann zudem an Flugangst. Damit ist er definitiv nicht allein. Interessanterweise ängstigt sich der eine Teil der

Menschheit eher vor denjenigen Dingen, die nicht oder nur bedingt kontrolliert werden können. Dazu gehören beispielsweise das erwähnte Fliegen oder das Wetter oder der Krieg oder der Tod oder die Existenz von Aliens. Warum? Womöglich aufgrund des Gefühls einer gewissen Machtlosigkeit, dem man sich ausgesetzt sieht. Den anderen Teil ängstigt hingegen eher das Kontrollierbare. Warum? Womöglich aufgrund von eigenen Versagensängsten, denen man wiederum ebenfalls ausgesetzt ist, wenn man Mist baut. Ich persönlich gehöre zum zweiten Teil. Ich schiebe lieber den Aliens die Schuld in die Schuhe oder in was auch immer sie tragen mögen. Natürlich überkommt auch mich ein mulmiges Gefühl, wenn es im Flugzeug ruckelt. Erstens ergibt es aber für mich persönlich tendenziell keinen Sinn, wenn ich mich vor Dingen ängstige, für die ich mich freiwillig entscheide, die ich jedoch nicht kontrollieren kann. Zweitens sterbe ich lieber auf einer Reise nach Florida als so, wie der chinesische Dichter und Höfling Lia Bai, der beim berauschten Versuch starb, das Spiegelbild des Mondes im Wasser zu umarmen. Ich besitze jedoch genug Empathie, damit ich die Gegenseite verstehen kann. Auch eine meiner Schwestern leidet an Flugangst, vor allem dann, wenn es sich um längere Strecken handelt. Dabei hat sie es auch einmal geschafft, eine Beruhigungstablette mit Imodium zu verwechseln. Der Placebo-Effekt trat zuverlässig ein, die Obstipation allerdings auch. Bei meinem Mann hätte seinerzeit wohl weder die eine noch die andere Tablette Wunder bewirkt.

Blöderweise begann ich kurz nach unserem Anbändeln doch noch damit, eine Vorliebe für das Entdecken der Welt außerhalb der Couchzone zu entwickeln. Bis anno dato war ich zwar noch nicht sonderlich viel herumgekommen, wenn ich mich mit Gleichaltrigen verglich, jedoch hatte ich immerhin einmal für drei Monate die Vereinigten Staaten von Amerika bereist. Diese Zeit ist für mich bis heute mit schönen Erinnerungen verknüpft, die ich nicht missen möchte und die meine Begeisterung für dieses oft etwas verpönte Land entfacht hat. Dazumal hatte ich Vorfreude und Organisation allerdings weitgehend meinem Partner überlassen. Ich konnte aus verschiedenen Gründen nur schwer mit seiner Euphorie mithalten. Nun musste ich überraschenderweise feststellen, dass ich es im Grunde liebte, zu organisieren und zu planen, nicht unbedingt die Reinigung der Kloschüssel, aber beispielsweise einen Ausflug ins Blaue. Ich merkte, dass ich ein Händchen dafür hatte, etwas unter erschwerten Bedingungen realisierbar zu machen, und diese Ressource konnte ich in unserer Beziehung gut gebrauchen.

Ich habe schon immer etwas anders getickt als meine Mitmenschen, auch wenn mein Verhalten abgesehen von ein paar Ticks nie so auffällig gewesen ist, dass ich mit dem schulpsychologischen Dienst hätte vorliebnehmen müssen. Ich denke, ich konnte meine vermeintlichen Schwächen meist relativ gut kompensieren und hatte zudem von Kindesbeinen an gelernt, mich anzupassen. Noch heute ist jedoch meine Batterie häufig etwas schneller leer als diejenige von anderen und noch heute bin ich sehr sensibel, neige zum Grübeln, benötige hie und da etwas mehr Zeit als meine Mitmenschen und habe Mühe damit, mich auf Dinge zu konzentrieren, die mich nicht interessieren. In Konfrontation mit unserer Norm-Gesellschaft erzeugte dies in mir lange Zeit den Glaubenssatz: Du bist zu faul, du bist zu dumm. Meine Stärken gingen in diesem selbstentwertenden Denken verloren. Paradoxerweise fand ich sie genau dort wieder, wo viele andere im Gegenzug untergehen würden. Es fällt nach wie vor schwer, zu verstehen, wie ich in einer Beziehung glücklich sein kann, die mit so vielen Herausforderungen gespickt ist. Manche können oder wollen sich kaum vorstellen, dass es mir auch nur ansatzweise gut darin gehen könnte. Wir sind wie das achte Weltwunder. Wenn ich mir allerdings meine Stärken vor Augen führe, fällt es mir zumindest nicht schwer, mich selbst zu verstehen: Ich bin gut darin, Selbstfürsorge walten zu lassen, klar zu kommunizieren, Begebenheiten zu reflektieren, Dinge zu analysieren und Pläne zu schmieden. Ich liebe es, mir auf kreative Art und Weise Gedanken darüber zu machen, wie auch aus etwas unmöglich Erscheinendem Mögliches gemacht werden kann. Und genau diese Stärken kann ich aktiv in die Beziehung mit meinem Mann einfließen lassen. Es ist nicht so, dass ich andauernd Brände löschen müsste, sondern dass es durch den Einsatz von seinen und meinen Stärken immer weniger Feuer werden. Meine Seelenschwester Sara hat mir vor einiger Zeit davon erzählt, wie ihr Vater einst zu ihr gesagt hat, sie erinnere ihn an einen Pinguin, der ein Eisbär sein wolle. Und tatsächlich hat Sara die nötige Selbstsicherheit entwickelt, immer wieder aufs Neue nicht nur ein Eisbär sein zu wollen, sondern auch, einer sein zu können. Ich empfinde dies als eine wirklich zauberhafte Imagination.

Da ich meiner neu entdeckten Reiselust nicht allein frönen wollte, war es taktisch tatsächlich sinnvoll, möglichst klug vorzugehen, als ich das erste Mal mit dem Wunsch um die Ecke rauschte, Urlaub auf Ibiza machen zu wollen. Wie konnte ich meinen Mann, der psychisch mittlerweile zwar gefestigter war, jedoch immer noch unter Flugangst litt und wenig Begeisterung zeigte, wenn es ums Reisen ging, davon überzeugen, mit mir abzuheben? Als Erstes setzte ich ihm den Floh ins Ohr, wie gut das Hippie-Flair der Insel doch zu uns passen würde. Ich fügte an, dass der Flug in etwa meiner Aufmerksamkeitsspanne entsprechen würde und somit eher kurz ausfalle. Anschließend zeigte ich ihm ein vielversprechendes Video, in welchem die Insel von ihrer besten Seite dargestellt wurde, und zu guter Letzt erstellte ich eine hochprofessionelle Power-Point-Präsentation, die keine Fragen mehr offenließ. Und siehe da, mein Mann ließ sich davon überzeugen, dass eine Reise nach Ibiza genau das war, was wir brauchten. Und ich? Ich hatte nicht nur mein Ziel erreicht, sondern auch einen Heidenspaß daran gehabt, die nötigen Vorkehrungen zu treffen. Ich hatte darauf geachtet, alles möglichst „aspergergerecht" zu gestalten: Das Gepäck wurde von der Bahngesellschaft abgeholt und eingecheckt, wodurch wir davor verschont blieben, am Flughafen erstmal in einer langen Schlange zu stehen. Dies hätte lediglich seine Unruhe und Nervosität verstärkt. Gebucht hatte ich in der Business Class. Das war zwar kein Schnäppchen, aber bedeutete mehr Komfort. Auch das Taxi, das uns vom Flughafen zum Hotel bringen sollte, buchte ich bereits im Vorfeld. Hätte ich gekonnt, hätte ich das passende Wetter und den Fahrer oder die Fahrerin gleich mit dazu bestellt. Interessanterweise merkte ich, dass ich das Unterfangen nicht nur möglichst „aspergerfreundlich" gestaltet hatte, sondern auch äußerst „Ramona-freundlich". Im Grunde war ich lediglich auf eine Art und Weise vorgegangen, die mir meine eigenen Ängste nahm. So kam es, dass wir kurz nach der Hochzeit unseren ersten gemeinsamen Urlaub auf Ibiza verbrachten. Es war großartig und erfüllte mich mit einer tiefen Dankbarkeit. Ich war dankbar dafür, dass ich mit ihm an meiner Seite Strände entlanglaufen, Hügel bezwingen, eine Altstadt entdecken und die frivolen Zimmernachbarn über uns stöhnen hören durfte. Mir wurde klar: Alles ist möglich, wenn man die Realisierung seiner Vorstellungen und Wünsche nicht mit jener abgleicht, die andere vollziehen. Wir mussten nicht so reisen, wie dies Hinz und Kunz womöglich getan hätten, weil wir uns dann noch immer in der erwähnten Couchzone befinden würden und niemals in unserem Ferienappartement mit selbst gepflücktem Rosmarin ein leckeres Abendessen zubereitet hätten. Mir war allerdings schon vorher klar, dass uns Vergleiche nicht weit bringen würden und wir stets unseren eigenen Weg finden mussten. Dennoch hätte ich mir nicht träumen lassen, einmal mit ihm über den Ozean zu fliegen. Ich war mir auch noch nicht dessen bewusst, dass in mir mehr steckte, als ich glaubte. Ich wusste noch nicht, dass meine Stärken stark genug waren, um im Leben vorwärtszukommen. Ich durfte nicht nur langsam und stetig lernen, an meine Ressourcen zu glauben, sondern fing auch allmählich damit an, diese als festen Bestandteil in mein Leben zu integrieren. Auch ich war mehr als nur ein süßer, tollpatschiger Pinguin. Ich musste lediglich Situationen kreieren, in denen ich mehr sein konnte. Meine Beziehung entspricht einer solchen Situation. Einer, die aufzeigt, dass es mir deshalb viel besser geht, als man erahnen könnte, weil darin auch ich ein Eisbär sein kann.

Die nackte Wahrheit

Was soll der schriftliche Affenzirkus eigentlich? Ursprünglich wollte ich mich in meinem Buch ausschließlich verschiedenen Themen und Situationen widmen, welche in Zusammenhang mit der Autismus-Spektrum-Störung meines Mannes stehen. Ich wollte jene Aspekte erläutern, die unseren Beziehungsalltag mal mehr, mal weniger herausfordernd gestalten. Während des Schreibens musste ich mir allerdings eingestehen, dass dies nur der halben Wahrheit entsprach und dass ich wohl auch jene Dinge zu Papier bringen sollte, die ich lieber verharmlost oder verschwiegen hätte. Letztendlich handelt es sich dabei nämlich mit großer Wahrscheinlichkeit um genau das, was viele Menschen interessiert und im Gegenzug auch mich interessieren würde.

Zudem war und ist es mir wichtig, das große Ganze sichtbar zu machen. Es geht mir darum, die Komplexität unserer Beziehung aufzuzeigen, und darin ist der Autismus zwar ein relevanter, jedoch nicht der einzige Bestandteil. Somit wäre dies auch der passende Zeitpunkt, auf den Zungenbrecher „Komorbidität" hinzuweisen. Für diejenigen, die damit nichts anfangen können: Grob gesagt handelt es sich dabei um die Kombination und das Vorhandensein verschiedener Diagnosen gleichzeitig. Oftmals existiert eine Grunderkrankung mit einer oder mehreren Nebenerkrankungen. Häufig ist allerdings nicht so klar zu differenzieren, welche Diagnose als primär und welche als sekundär erachtet werden kann.

Die Diagnose „Hochfunktionaler Autismus" hat mein Mann erst mit Ende zwanzig erhalten. Ich sage „erst", weil er davon ausgeht, dass sein Leben einen anderen, vielleicht sogar etwas weniger belasteten Verlauf hätte nehmen können, hätte dieser Befund schon als Kind vorgelegen und hätte man entsprechend darauf reagieren können. Letzteres ist natürlich ausschlaggebender für die weitere Entwicklung eines Menschen als der Befund selbst.

Die erste Diagnose, die Applejack erhielt, war jedoch nicht Autismus, sondern die Aufmerksamkeitsdefizit-/Hyperaktivitätsstörung, kurz ADHS und früher bekannt als POS (Psychoorganisches Syndrom). Gemäß den Aussagen einer Fachperson, von der er einst betreut worden ist, ist ADHS früher automatisch ein Ausschlusskriterium für Autismus gewesen. Ob sie damit recht hatte, weiß ich nicht. Stand heutiger Dinge ist es jedenfalls so, dass beide Entwicklungsstörungen durchaus Parallelen aufweisen, sich in manchem allerdings auch deutlich voneinander unterscheiden. So, wie es im Grunde fast immer ist, wenn man etwas miteinander vergleicht.

Aus dem hyperaktiven Kind, das Mühe mit der Impulskontrolle hatte und sich nicht so gut konzentrieren konnte, wurde im Jugendalter schließlich das, was die Gesellschaft oft als Problemfall betitelt: Ein junger Mann, der eine Diagnose nach der anderen erhält (dazu mehr in einem späteren Kapitel) und dennoch durch sämtliche Raster zu fallen scheint. Ein Mann, der im Teenageralter anfängt, Verschiedenes zu konsumieren, und sich nebst Cannabis und Alkohol rund ein Jahrzehnt lang fast alles reinpfeift, was nicht niet- und nagelfest ist. Auch vor dem Missbrauch von Medikamenten machte er nicht Halt. Applejack hat in seiner Laufbahn mehr als nur eine Klinik von innen gesehen, mehr als nur eine Fachperson getäuscht und in mehr als nur einem betreuten Wohnhaus für Zähneknirschen im Team gesorgt. Erst, als er auch aus dem letzten Setting flog, in welchem wir uns – Obacht – als Bewohner (er) und Fachperson (ich) kennengelernt hatten, fing er glücklicherweise langsam, aber stetig an, aufzuwachen und sich einer Realität zu stellen, die über Jahre hinweg völlig vernebelt von Sucht, Frust und schlechten Erinnerungen gewesen ist.

Im erwähnten Wohnhaus, in welchem sowohl er als auch ich uns aufhielten, waren vor allem seine Sucht und eine Borderline-Störung Bestandteil von Diskussionen in Teamsitzungen. Es schien fast so, als würden diese beiden Diagnosen – obwohl die Sucht dazumal noch nicht offiziell als solche diagnostiziert worden war – eine Art Konkurrenzkampf anzetteln. Die einen im Team ordneten seine Probleme und sein Verhalten mehr in der Rubrik „Sucht" ein, die anderen in der Rubrik „Borderline". Manche waren der Ansicht, dass seine starken Stimmungsschwankungen auf sein Konsumverhalten zurückzuführen sind, andere wiederum machten dafür psychische Probleme wie erlebte Traumata verantwortlich. Irgendwie hatten wohl alle recht, aber die einen zu jenem Zeitpunkt etwas mehr als die anderen. Auch dazu werde ich mich in einem Folgekapitel noch etwas differenzierter äußern.

Was während seiner Aufenthaltszeit allerdings noch kein Thema gewesen ist, war der Autismus. Meiner Meinung nach fristete er dazumal sein Dasein im Schatten der Sucht, denn diese war dermaßen alltagsbestimmend, dass alles andere in den Hintergrund rückte. Weder hätte der Autismus also entdeckt noch sinnvoll in die Betreuung miteinbezogen werden können. Es ist rückblickend schwierig, zu beurteilen, wann sich der Autismus zeitweise vielleicht doch gezeigt hat und wann man hätte merken können, dass da etwas grundsätzlich anders ablief in seinem Oberstübchen. Jede Form von Andersartigkeit und Auffälligkeit wurde automatisch der Sucht und seiner emotionalen Instabilität zugeordnet. Erst jetzt, wo Applejack zumindest in Bezug auf sein dazumal prägnantestes Suchtproblem – nämlich den Missbrauch von Medikamenten – clean ist, wird sichtbar, was übrigbleibt. Je stabiler er in seiner psychischen Verfassung wird, desto besser lässt sich differenzieren, was welcher Diagnose zugeordnet werden könnte und welche Diagnosen einst möglicherweise sogar falsch gestellt worden sind. Es ist wie das Schälen einer Zwiebel. Mit jeder losgelösten Schicht nähert man sich der Knospe im Inneren, während man die eine oder andere Träne dabei vergießt.

Gerade zu Beginn unserer Liebesbeziehung traten bei ihm immer wieder komatöse, psychotische Zustände und starke Stimmungsschwankungen auf. Ich konnte ihn oft nicht richtig spüren und erfassen, weil er dazu selbst nicht in der Lage war. Ich wusste, worauf ich mich einließ, zumal ich es im Wohnhaus ja hautnah miterlebt hatte, und doch konnte ich nicht erahnen, in welchen Gefühlslagen ich mich wiederfinden würde. Ich wusste es und wusste es gleichzeitig nicht.

Die ganze Wahrheit wäre demnach die folgende: Die Diagnose ADHS hat vor allem seine Kindheit geprägt, da sie dazumal Thema unzähliger Therapien gewesen ist. Wirklich davon profitieren konnte er allerdings nie, weil auch diese Diagnose – wie wir heute wissen – nur einer Teilwahrheit entsprochen hat. So schreibt beispielsweise das Hamburger Autismus Institut, dass rund die Hälfte aller Kinder, bei denen Hochfunktionaler Autismus diagnostiziert wird, zusätzlich ein Aufmerksamkeitsdefizitsyndrom, häufig mit Hyperaktivität (ADHS) aufweisen. Mit großer Wahrscheinlichkeit wäre dies bei ihm nicht anders gewesen und das eine hätte entsprechend das andere nicht ausgeschlossen.

So präsent seine erste Diagnose in seiner Kindheit gewesen ist, so einnehmend war die Sucht im jungen Erwachsenenalter. Es ist bekannt, dass Menschen mit ADHS tendenziell suchtgefährdeter sind. Ich würde es allerdings nicht als richtig erachten, im Sinne der Komorbidität an dieser Stelle zu behaupten, dass es sich beim ADHS um die Grunderkrankung (da zuerst gestellt) und bei der Sucht – salopp gesagt – um deren Ausgeburt handelt. Wenn überhaupt, dann müsste man korrekterweise sagen, dass Halbwahrheiten möglicherweise wichtige und auf ihn angepasste Lernschritte verhindert haben und eine gesunde Resilienz somit nicht erreicht werden konnte. Dies wiederum hat eventuell ein Abrutschen in die Sucht begünstigt.

Erst in seiner jüngsten Diagnose „Hochfunktionaler Autismus" hat mein Mann nun so etwas wie ein Zuhause gefunden. Keinesfalls eines, in dem er sich ausruht und sich die Erlaubnis erteilt, tun und lassen zu können, was er will, da nun ja vermeintlich bewiesen ist, dass er es nicht anders kann. Es ist als ein Zuhause in dem Sinne zu verstehen, dass er nach langer Suche einen Ort entdeckt hat, der ein wesentliches Stück zu seiner Identifikation beigetragen hat. Vielleicht ist es ein bisschen so, wie wenn man nach langer Zeit an seinen Heimatort zurückkehrt und einem dieser gleichermaßen fremd und vertraut vorkommt. Wenn ich heute Situationen mit ihm erlebe, die mir etwas spanisch vorkommen, und dabei merke, dass sich im betreuten Wohnhaus früher Vergleichbares ereignet hat, so weiß ich nun, dass es durchaus Verhaltensweisen gibt, die schon dazumal in keinem direkten Zusammenhang mit seiner Sucht gestanden haben. War er beispielsweise der festen Überzeugung, in sein Zimmer sei eingebrochen worden, weil sich Utensilien, die er sehr wahrscheinlich selbst verlegt hatte, nicht mehr am selben Platz befanden, so hatte dies mit psychotischen Zuständen als Folge seines Konsumverhaltens zu tun. Ein Zustand, in dem man unter anderem an einer starken Wahrnehmungsverzerrung und mitunter auch an Verfolgungswahn leiden kann.

Konnte er hingegen gewisse Aussagen, die von uns beispielsweise als unangebracht erachtet wurden, nicht begründen oder unser Missfallen darüber nicht verstehen, so lässt sich dies im Nachhinein eher auf den Autismus zurückführen. Der Konsum kann die Wahrnehmung verändern. Der große Unterschied zum Autismus besteht darin, dass die andersartige Wahrnehmung in mancherlei Hinsicht schon von Beginn an besteht. Neurotypische Menschen hingegen, sehen die Welt erst durch den Konsum mit anderen Augen.

Unzählige der schwierigen Situationen, die im Verlaufe unserer Beziehung entstanden sind, zeigten sich als unschönes Produkt von Sucht und Konsum. Die Herausforderungen, mit welchen die anschließende Bearbeitung solcher Ereignisse gespickt war, ließen sich wiederum meist auf den Autismus zurückführen. Beispielsweise musste ich meine Art und Weise, mit ihm zu kommunizieren, anpassen, da vieles von dem, was ich für selbstverständlich hielt, es für ihn nicht war und noch heute nicht ist. So konnte er anfangs beispielsweise nicht verstehen, dass wenn es ihm schlecht ging, dies auch Einfluss auf meine eigene Befindlichkeit hatte. „Es ist doch mein und nicht dein Problem!", pflegte er manchmal zu sagen. Ebenso wenig konnte er begreifen, dass man wütend aufgrund einer Aneinanderreihung von nervenaufreibenden Ereignissen sein konnte und nicht ausschließlich wegen einer gegenwärtig auftretenden

Einzelsituation. Das sogenannte Fass, das überlaufen kann, war ihm nicht bekannt. Ebenso fremd war es für ihn auch, dass jemand Zeit braucht, nachdem ihn etwas emotional erschüttert hat, und dass sich diese Zeit oftmals nicht nur auf den Tag des Ereignisses beschränkt. Ein etwas begrenztes Empathievermögen kann durchaus ein Merkmal von Autismus sein, wohingegen die Annahme, autistische Menschen hätten keine Gefühle, völliger Blödsinn ist.

Was ist denn nun aber von seiner als Kind erhaltenen ADHS-Diagnose übriggeblieben? Von außen betrachtet würden wohl viele vermuten, es sei seine körperliche Unruhe, welche sich dahingehend zeigt, dass er ständig von einem Fuß auf den anderen tritt oder wippende Bewegungen macht, wenn er am Tisch sitzt. Dieses Verhalten könnte jedoch ebenso gut unter die Sparte „Autismus" fallen, in der bei betroffenen Menschen nicht selten stereotypische Bewegungen zu Tage treten. Mein Mann und ich vermuten sogar, dass es keines von beidem ist, sondern eher einer Tic-Störung (noch) unbekannten Ursprunges gleicht. Schließlich wäre da auch noch die Sache mit dem Konzentrationsproblem und seiner etwas kurzen Aufmerksamkeitsspanne. Es kommt nicht selten vor, dass er sich nicht an Inhalte von unseren Gesprächen erinnern kann. Je nach Situation kann dies sowohl dem ADHS als auch dem Autismus zugeordnet werden. Menschen mit ADHS fällt es beispielsweise tendenziell schwer, sich auf Dinge zu konzentrieren, die sie nicht sonderlich interessieren oder sie gegebenenfalls thematisch überfordern. Da es sich bei unseren Gesprächen meist um emotionale Inhalte handelt und Applejack es nicht so mit Emotionen hat, kann es natürlich gut sein, dass seine Merkfähigkeit diesbezüglich tatsächlich etwas geringer ist, als wenn ich ihm beispielsweise Fakten zum Thema „Weltall" erläutern würde. Sich mit dem Verstehen und Einordnen von Emotionen etwas schwer zu tun, ist allerdings auch ein für Autismus typisches Merkmal. Wir wären somit bei der Frage angelangt, was zuerst existiert hat, das Huhn oder das Ei, beziehungsweise, zu welchem Huhn wohl welches Ei gehört. Und wenn er im Übrigen zeitweise auch depressiv ist, liegt dies dann daran, dass der Substanzmissbrauch sein Gehirn an jener Stelle vergiftet hat, die für die Ausschüttung von Glückshormonen zuständig ist – oder ist vielleicht doch eher die Borderline-Störung dafür verantwortlich? Wenn er nicht von seiner Meinung abweichen kann oder möchte, ist es dann Narzissmus oder Autismus und wo zeigen sich möglicherweise noch Manie, Hysterie und Schizophrenie?

Häufig hat man bestimmte Bilder und Vorstellungen im Kopf, wenn man von Diagnosen hört, und oft entsprechen diese nicht der (ganzen) Wahrheit. Dies liegt daran, dass fast jede Diagnose ein riesiges Spektrum umgibt. Auch ich befinde mich irgendwo zwischen zoologischem Garten und normalem Wahnsinn. Es liegt letztendlich an einem selbst und den zuständigen Fachpersonen, Diagnosen zu stellen, die passend sind. Mit passend meine ich Befunde, mit denen man sich identifiziert, ohne sich gleichzeitig nur noch darüber zu identifizieren. Befunde, die Orientierung und Worte in und für etwas kreieren, das zuvor chaotisch und namenlos oder sogar falsch beschildert worden ist. Es kann wichtig sein, ein „Ich bin zu dumm" in ein „Mein Gehirn funktioniert anders" zu transformieren. Dies kann unglaublich entlastend für die Betroffenen sein und einen Grundstein legen, auf dem künftig aufgebaut werden kann.

Die ganze Wahrheit ist jedoch auch, dass nicht immer alles so einfach und eindeutig zuordenbar ist, wie wir es alle manchmal gerne hätten, und diese Tatsache gilt es auszuhalten. Wo die einen als Ursache eine Persönlichkeitsstörung diagnostizieren, befinden andere einen Pickel am Rücken für schuldig. Menschen mit einer psychischen Erkrankung können täuschen (wie solche ohne im Übrigen auch), indem sie beispielsweise nicht die ganze Wahrheit erzählen oder nur das, wovon sie denken, dass es das Gegenüber gerne hören möchte. Fachpersonal kann auf der Gegenseite ebenfalls Fehler machen, indem es Verhaltensweisen beispielsweise nicht korrekt einschätzt. Manchmal existiert tatsächlich keine Regel ohne Ausnahme. Es ist mir jedoch wichtig, aufzuzeigen, dass man trotzdem keine Angst zu haben braucht. Abweichungen und Unklarheiten bedeuten nicht nur

Orientierungslosigkeit, sondern bieten einem auch die Chance, neue Wege einzuschlagen, seinen ganz eigenen nämlich. Ich maße es mir nicht an, stets richtig einschätzen zu können, von welchem Huhn das gelegte Ei stammt. Was ich mir allerdings anmaße, ist, Thesen aufzustellen, und die sind ja bekanntlich nicht in Stein gemeißelt. Der Autismus mag – genauso wie es andere Diagnosen auch tun – schlussendlich wertvolle Erklärungen für bestimmte Verhaltensweisen liefern, erklärt jedoch nicht den Menschen als Ganzen. Man kann einem passend erscheinende Schubladen öffnen, diese sollten jedoch erst dann wieder verschlossen werden, wenn die ganze Wahrheit herausgefunden wurde, und dieser Prozess dauert meist ein Leben lang.

Mein Mann ist so etwas wie ein Superastronaut oder besser gesagt „Spektronaut", der in seinem bisherigen Leben von einem zum nächsten Planeten gereist ist. Auf manchen verweilte er ein bisschen länger, auf anderen ein wenig kürzer. Und mit jedem weiteren besuchten Himmelskörper scheint er sich nun immer mehr seinem eigenen – noch nicht benannten – Heimatplaneten zu nähern. Regelmäßig besucht er auf dieser Exploration auch den Planeten der Affen. Jenen, wo ich nach meiner eigenen Reise sesshaft geworden bin und von wo aus ich die Anomalien des Lebens bestaune. Wir alle müssen auf unserem Lebensweg ein paar Schotterpisten überwinden, aber nicht alle von uns fliegen durch die Milchstraße. Seine bisherige Reise mag ein kleiner Schritt für die Menschheit sein, ist aber ein großer für ihn selbst.

Ich und die anderen Affen

Ich mag keine gesellschaftlichen Anlässe wie Jubiläen, Personalabende, Stiftungstreffen etc. Ich mag eigentlich Menschen per se nicht so doll, weshalb ich oft augenzwinkernd vom „Pöbel" spreche. Ich denke, ich konnte meinen Job als Sozialpädagogin in der Betreuung nur darum ausüben, weil mir erstens früh beigebracht wurde, mich anzupassen, Dinge auszuhalten, und weil zweitens meine emotionale Intelligenz ganz gut in Schuss ist. Ich besitze kaum ein Vorstellungsvermögen, wenn es um Zahlen oder räumliches Denken geht, aber verfüge über genug davon, wenn die Psyche von Menschen thematisiert wird. Ich mag es nicht, wenn mein vorgesehener Tagesablauf durcheinandergerät und ich in meiner Routine gestört werde. Ich mag es nicht, spontan zu sein, außer es ist geplant. Ich mag es nicht, mit Reizen auf der visuellen, auditiven, kinästhetischen und/oder olfaktorischen Ebene überflutet zu werden. Ich mag es nicht, wenn mir Menschen in der Schlange an der Kasse zu nahekommen. Ich mag das „Küsschen-links-Küsschen-rechts-Getue" bei Begrüßungen nicht. Ich mag keine Mathematik, weil Zahlen das Wirrwarr in meinem Kopf verstärken. Ich mag Zeitdruck nicht, weil ich eine lange Leitung habe. Ich mag keine dominanten Menschen, bei denen selbst Fehler keine Fehler sind. Ich mag es nicht, zu telefonieren. Ich mag keine Kälte. Ich mag es nicht, mein Zimmer mit jemandem zu teilen. Ich mag keine Smalltalks. Ich mag keine Gesellschaftsspiele, die schnelles und strategisches Denken erfordern. Ich mag keine hellen Räume. Ich mag keine Schwarzwurzeln. Ich mag keine Gemeinschaftsräume zum Schlafen und ich mag es nicht, zu zelten. Ich mag es nicht, mit dem Positiven zu beginnen und dem Negativen zu schließen, weshalb ich genau das an dieser Stelle auch nicht tue.

Ich mag dafür Eins-zu-eins-Situationen mit Menschen, die mir wichtig sind. Ich mag es, zu schreiben. Ich mag meine kleine Nichte, obwohl sie ein Kind ist und mich die Energie von Kindern manchmal überfordert. Wenn ich es mir recht überlege, so mag ich Kinder manchmal deshalb, weil sie einen in den Moment zurückholen. Ich wollte lediglich noch nie eigene Kinder haben. Ich mag es, Synonyme zu verwenden. Ich mag Tiere. Ich mag es, allein zu sein. Ich mag es, wenn ich weiß, was mich erwartet. Ich mag Rituale. Ich mag Umarmungen zur Begrüßung, wenn ich mein Gegenüber gernhabe. Ich mag tiefgründige Gespräche. Ich mag Dokumentationen. Ich mag Spiele, bei denen ein strategisches Denken nicht im Vordergrund steht, außer es handelt sich dabei um Pokémon. Ich mag es, zu zweit auswärts essen zu gehen. Ich mag es, wenn Anlässe frühzeitig enden. Ich mag Gesprächsthemen, bei denen es kein Richtig oder Falsch gibt. Ich mag es, pragmatisch zu sein. Ich mag Musik. Ich mag es, wenn bei gesellschaftlichen Anlässen der Smalltalk beendet ist und man zum Tanzen übergehen kann. Ich mag es, zu lachen. Ich mag es, nichts vorzuhaben. Ich mag abgedunkelte Räume. Ich liebe es, nachts allein in meinem Zimmer zu sein. Ich mag die Kombi Süß und Salzig. Ich mag es, wenn ich online reservieren kann. Ich mag Klarheit und Ordnung, obwohl ich zum Chaos neige. Ich liebe es, zu planen. Ich mag Hochbetten. Ich mag die Wärme. Ich mag offene, herzliche, unverklemmte Menschen und ich mag Einhörner. Ich habe eines, denn ich führe eine Liebesbeziehung mit ihm.

Was die Affen in meinem Kopf anbelangt, die ich immer mal wieder erwähne: Als Affen bezeichne ich scherzhaft all diejenigen Eigenheiten, die mich am stärksten auszeichnen. In erster Linie stammt das Bild des Affen im Kopf jedoch aus der Sendung „Die Simpsons", in welcher man in einer Szene sehen kann, wie bei Homer dort, wo eigentlich sein Gehirn sein sollte, ein Affe mit Tschinellen hockt. Als ich die Szene gesehen habe, dachte ich mir: „Genauso fühle ich mich des Öfteren." Dies beispielsweise manchmal dann, wenn mir Leute etwas zu erklären versuchen und ich wohl höre, was sie sagen, die Worte jedoch nicht bis in mein Gehirn vordringen, weil dort gerade ein Affe auf dem Schlauch steht und „La Cucaracha" singt. Ich denke, ich bin ein etwas unkonventioneller Mensch und deshalb gefällt mir der Ausdruck „Affen in meinem Kopf".

Es hausen viele verschiedene dieser ulkigen Tierchen in meinem Denkapparat. Ein rockiger, rebellischer Affe zum Beispiel, der schnell gereizt ist und der Normgesellschaft gerne den ausgestreckten Mittelfinger zeigt. Ein glitzernder Affe, der auf einem Einhorn Richtung Regenbogen fliegt. Ein sensibler Affe, der sich klein und unsicher fühlt und auf seinen Tränen Wasserski fährt. Ein verrückter Affe, der seltsame Dinge tut und sich selbst oft am lustigsten findet. Ein Affe, der Völlerei betreibt, weil er am liebsten auf der Couch hockt, früher viele gegärte Trauben getrunken hat und Essbares in sich reinstopft. Ein Affe, der keine Menschen mag, sich am liebsten in seiner Höhle aufhält und Selbstgespräche führt.

Es fällt mir nicht immer leicht, meine Affen zu bändigen. Manchmal steht der eine etwas mehr im Vordergrund als der andere und manchmal veranstalten sie alle zusammen einen riesigen Affenzirkus. Ich mag meine Affen mittlerweile. Jeder ist auf seine eigene Art und Weise wertvoll. Sie machen mich zu einem tierisch vielschichtigen Menschen, auch wenn es manchmal anstrengend mit ihnen ist. Je älter ich werde, desto weniger versuche ich, sie unter Arrest zu halten. Stattdessen zeige ich sie der Welt. Ich zeige dem Pöbel, wer ich bin, wer ich wirklich bin, und das freut vor allem den Revoluzzer-Affen sehr.

Das Naturphänomen

Die Diagnose im Sommer 2019 lautete: Hochfunktionaler Autismus. Ich sehe an dieser Stelle davon ab, das Thema „Autismus" ausführlich zu erläutern, denn das würde wohl diesen Buchdeckel sprengen. Schließlich handelt es sich hierbei ja auch um keine Fachliteratur. So viel sei gesagt: Autismus ist eine tiefgreifende Entwicklungsstörung und dient als Oberbegriff für verschiedene Ausprägungsgrade, weshalb man auch von Menschen im Spektrum spricht. Der Begriff „Autismus" leitet sich aus den griechischen Wörtern „autos" (selbst) und „ismos" (Zustand, Orientierung) ab. Dies sagt einerseits viel, andererseits wenig aus. Autistische Menschen sind so unterschiedlich, wie dies alle anderen innerhalb ihrer Diagnosefelder auch sind. Es gibt nicht „den" Autisten, so wie es auch nicht „die" Schizophrenen gibt. Nicht alle Menschen mit Autismus weisen beispielsweise eine zwanghafte Ritualobsession auf, so wie auch nicht jede an Schizophrenie erkrankte Person Stimmen hört. Wo sich jedoch so gut wie alle Menschen im autistischen Spektrum von ihren neurotypischen Mitmenschen (salopp gesagt: Ottonormalverbrauchern) unterscheiden, ist: auf der Kommunikationsebene. Eine Person mit Autismus nimmt tendenziell anders wahr, verarbeitet anders und kommuniziert entsprechend anders. Dies kann mitunter immer wieder zu Stirnrunzeln und Missverständnissen auf der zwischenmenschlichen Ebene führen. Wissen hilft wie so oft dabei, die Besonderheiten von autistischen Menschen besser einordnen und verstehen zu können. Mir haben sowohl Fachbücher und Aufklärungsvideos sowie natürlich auch Gespräche mit meinem Mann und sogenannten „Spektronauten" geholfen. Mit dieser von mir ins Leben gerufenen Bezeichnung kann er sich identifizieren, da sie sich aus den Wörtern „Spektrum" und „Astronaut" zusammensetzt, womit wir auch schon bei seiner Person angelangt wären.

Was er nicht mag, sind Ungerechtigkeiten aller Art, wozu auch Lügen und Betrügen gehören. Beides hat er in der Vergangenheit selbst zur Genüge getan und ist nicht stolz darauf. Leider hat das kleine Suchtmonster lange Zeit überhandgenommen. Er schüttelt sich beim Anblick von Käse und mag im Gegensatz zu mir keine Avocados. Er hasst Rassismus und Snobs. Abweichende Details sind ein Störfaktor in seinen Augen und allzu intensive Gespräche über Emotionen bereiten ihm Kopfschmerzen. Er mag Ironie und Sarkasmus nicht, wenn er sie nicht versteht, und er liest nicht gerne zwischen den Zeilen, weil er es nicht kann. Lange Sprachnachrichten machen ihn genauso nervös wie Ausrufe- und Fragezeichen, die nacheinander geschrieben stehen. Er versteht nicht, wie ein Satz beides gleichzeitig bedeuten kann. Aus diesem Grund versuche ich, ihm eine gute Ehefrau zu sein und in Textnachrichten darauf zu verzichten.

Er mag dafür seinen Namen. Applejack hieß früher anders. Da er diesen Namen mit seinem alten Ego und damit in Zusammenhang stehenden negativen Erinnerungen in Verbindung bringt, hat er ihn offiziell ändern lassen. Dies ist jedoch nur einer von vielen Gründen. Glauben ihm die Leute nicht, was öfters vorkommt, so zeigt er voller Stolz seinen Ausweis, auf dem klar und deutlich „Applejack" geschrieben steht. Applejack interessiert sich für das Weltall, daher die Bezeichnung „Spektronaut". Er liebt das süffige Getränk Sauser, isst gerne veganes Fondue sowie alles, was in den Zähnen hängen bleibt und den Zahnarzt verrückt macht. Applejack mag die intellektuelle Schulatmosphäre an Universitäten und die Kindersendung „My Little Pony", aus welcher übrigens auch sein neuer Name stammt. Er tut sich schwer damit, Freizeitbeschäftigungen zu finden, weil sich sein Hobby jahrelang auf die Stoffbeschaffung beschränkt hat. Am häufigsten widmet er sich zurzeit der Musik und dem Gamen sowie seinem Laser- und 3D-Drucker. Er interessiert sich zudem für Physik, Mechanik und Technik. Er hat Freude an seinen Adoptivkatzen, welche ihm dabei geholfen haben, seine Berührungsängste vor Tieren zu überwinden. Er mag Cannabis, weil durch den Konsum eine Ruhe in seinem Kopf einkehrt, die er sonst nur schwer erreichen kann. Applejack gefällt der Mustang Shelby GT 500 67' und er mag seinen

Penis. Etwas, das der Moralapostel eigentlich nicht erwähnt, weshalb ich es trotzdem tue, um an dieser Stelle der Selbstliebe zu huldigen. Was mag mein Mann noch? Ach ja, er mag mich. Ich sei wie ein Naturphänomen, meint er. Ob er dabei mehr an die hübschen Nordlichter oder einen verheerenden Vulkanausbruch denkt, sei mal dahingestellt. Ich liebe diesen Mann, denn er ist fabelhaft. Für mich ist er nicht nur Superman, sondern auch Superwoman und keinesfalls Autist, sondern jemand, der eine Autismus-Spektrum-Störung hat. Das ist ein Unterschied, denn ich bin ja auch nicht die Affenfrau, nur weil welche davon in meinem Kopf rumlungern. Ich definiere ihn nicht über seine Entwicklungsstörung und alle anderen jemals erhaltenen Diagnosen. Sie helfen mir zwar dabei, sein Verhalten besser einzuordnen und zu verstehen, aber in erster Linie ist er für mich ein Mensch und keine Störung.

Er ist ein großgewachsener Kerl, der beim Gehen meist etwas nach vorne geneigt ist, was ihn optisch kleiner wirken lässt, als er mit seinen fast ein Meter neunzig Körpergröße tatsächlich ist. Als seine Haare noch kürzer waren, hat er manchmal ausgesehen wie der verrückte Professor aus dem Film „Zurück in die Zukunft". Der Steckdoseneffekt lag an der langjährigen Einnahme eines Medikamentes, welches seine Haare mit der Zeit geschädigt und ihnen eine etwas widerspenstige Struktur verliehen hat. Als ich ihn kennengelernt habe, hatte er so gut wie immer mindestens eines der Stoffponys aus der erwähnten Lieblingsanimationsserie mit dabei. Sie gaben ihm auf kindliche Art und Weise Sicherheit. Wenn er spricht, ist er fast nicht zu überhören, da er von Natur aus mit einer kräftigen, tiefen Stimme gesegnet ist. Er hat Mühe damit, seine Lautstärke zu regulieren, und ich muss ihn ab und an darauf aufmerksam machen, leiser zu sprechen. Mode sagt ihm nicht viel. Bequem sollte es sein. Zwischendurch hat er Phasen, in denen es ihm Spaß zu machen scheint, sich adrett zu kleiden, aber eben nur zwischendurch. Hastige, zappelige Bewegungen sind indes ein weiteres Markenzeichen. Manchmal ist er etwas grobmotorisch unterwegs und selten dazu in der Lage, still dazustehen. Er denkt wahnsinnig viel nach, aber auf einer Ebene, die dem Durchschnittsbürger eher fremd ist. Er analysiert mehr nach physikalischen Gesetzen als auf der Grundlage von Emotionen. Emotionen können ihn überfordern. Bei mir ist es umgekehrt, deshalb überfordern wir uns hie und da sozusagen gegenseitig. Im Vergleich zu seiner Größe, dem Bart und seiner tiefe Stimme erscheint seine kindlich und unsicher wirkende Seite wie ein riesiger Gegensatz. Manchmal hat man das Gefühl, einen Rhetoriker von Welt vor sich zu haben und dann wiederum einen kleinen Jungen, der an die Hand genommen und durch die Pöbelmeute begleitet werden muss. Er ist ein kreativer und liebevoller Mensch, der die Gabe besitzt, mit einer einzigen pragmatischen Aussage etwas Ordnung in mein emotionales Chaos zu bringen. Er ist ein buntes, glitzerndes Einhorn. Ein Einhorn, das sich glücklicherweise dazu entschieden hat, sowohl die Nordlichter als auch den Vulkanismus etwas genauer zu erkunden.

Es war einmal

Wenn ich an die Voraussetzungen denke, unter denen wir unsere Karriere als Paar gestartet haben, grenzt es an ein Wunder, dass sich die Dinge zu dem entwickelt haben, wie es heute ist. Der Schuss hätte ebenso gut nach hinten losgehen können und hat dies in vergleichbaren Beziehungen auch schon zu oft getan. Es hätte gut sein können, dass sich Bedenken und Skepsis bestätigen, sowohl meine eigenen als auch solche aus meinem Umfeld.

Kennengelernt habe ich Applejack als neuen Bewohner des sozialpsychiatrischen Wohnhauses, in welchem ich dazumal gearbeitet habe. Die ersten Tage hatte ich kaum etwas mit ihm zu tun. Ich hörte mehr über ihn, als dass ich selbst mit ihm gesprochen hätte. Die Berichterstattungen waren nicht unbedingt positiv. Mir ist vor allem in Erinnerung geblieben, dass er laut Erzählungen zu provokativem Verhalten neigte und sich schwer mit den hiesigen Strukturen tat. So hätte er beispielsweise eine PET-Flasche in die Richtung einer Betreuungsperson geschossen, als diese ihn dazu aufgefordert habe, aus dem Bett zu kommen. Es weckte in mir jedenfalls eher Unbehagen als den Wunsch, auf seiner Etage eingeteilt zu werden. Das Haus bestand aus mehreren Stockwerken, drei davon waren mit Zimmern für Bewohnerinnen und Bewohner ausgestattet. Jeden Tag wurde je einer Fachperson die Hauptverantwortung für ein Stockwerk übertragen.

Das erste Mal trafen wir uns eines Abends vor dem Fahrstuhl aufeinander. Es war keineswegs so, dass mich sein Antlitz aus den Socken haute. Nix da mit Liebe auf den ersten Blick. Ich weiß noch, dass er mich nach meinem Abschluss fragte und mir etwas über seine Vorliebe für Gewitter erzählte. Womöglich war dies sogar der erste Moment, in dem der Autismus kurz durchblitzte. Jedenfalls – nach den eher negativ behafteten Erzählungen meiner Teammitglieder – war ich nach dieser eher unspektakulären Begegnung erst einmal erleichtert. So schlimm schien er nicht zu sein. Im Gegenteil, er wirkte eigentlich ganz nett. Dennoch versuchte ich, ihm weiterhin und solange aus dem Weg zu gehen, bis sich dies nicht mehr vermeiden ließ. Es lag nicht nur an den Berichten meiner Arbeitskolleginnen und Arbeitskollegen. Für mich stellte es schon immer eine besondere Herausforderung dar, Menschen zu betreuen, die ähnlich alt wie ich waren. Ich hätte mir daher auch nie vorstellen können, im Jugendbereich zu arbeiten. Ich habe immer gedacht, dass Jugendliche besonders frech, verletzend und provokativ sein und mich als junge Mitarbeiterin noch weniger ernstnehmen würden, als dies deutlich ältere Klientinnen und Klienten taten. Eigentlich muss ich jedoch sagen, dass sich diese Bedenken im beruflichen Kontext auf nahezu alle Menschen bezogen, die keine Kinder mehr waren. Ich war ein Grünschnabel, als ich via Praktikum im sozialpsychiatrischen Bereich gelandet bin. Anfangs waren sowohl meine Arbeitskolleginnen und Arbeitskollegen alle deutlich älter als ich, wie auch die Menschen, die ich betreute. Auch diesbezüglich befürchtete ich, dass man mich nicht ernstnehmen könnte, und hatte dabei wohl meinen Vater im Hinterkopf, der sich oft auf seine Lebenserfahrung berief, wenn wir in Diskussionen aneinandergeraten sind. Meine Skepsis ist jedoch in Bezug auf Menschen, die älter waren als ich, ziemlich schnell verflogen, weil ich gemerkt habe, dass das Alter zumindest in diesem Bereich meistens zweitrangig ist. Die Menschen nehmen einen nämlich häufig dann ernst, wenn man sie selbst ernst nimmt, und das tat ich.

Irgendwann kam dann jedenfalls der berühmt-berüchtigte Tag, an dem ich morgens auf seiner Etage eingeteilt war. Da er sich den ganzen Morgen nicht hatte blicken lassen und auf meine Versuche der Kontaktaufnahme nicht reagierte, wurde ich in der Teamsitzung beauftragt, sein Zimmer zu betreten und nach ihm zu schauen. Es war nichts Ungewöhnliches, dass er sich so lange nicht bemerkbar machte, aber Sicherheit ging vor. Mir Zutritt zu einem fremden Zimmer zu verschaffen, war etwas, wovor mir bis zum Schluss graute. Erstens wusstest du nie, was dich erwartet, und zweitens hasse ich es, Personen, die ich kaum kenne, so nahezutreten, und dazu gehört für mich auch das „Einbrechen" in ein Zimmer. Es ist nicht nur das Eintreten in einen Raum, sondern gleichzeitig ein Sich-Eintritt-Verschaffen in die Privatsphäre einer anderen Person. Zudem hatte ich auch dieses Mal keine Ahnung, was mich erwartete. Wie gesagt, ich kannte ihn ja kaum. Jedenfalls tat ich schließlich, womit ich beauftragt worden war. Wer hätte gewusst, dass ausgerechnet diese Handlung, die mir so widerstrebte, mein Leben verändern sollte?

Er lag im Halbdunkeln in seinem Bett und lebte definitiv noch, reagierte jedoch nicht auf meine Ansprache. Als ich sein Zimmer schon wieder verlassen wollte, weil ich befand, dass es nichts brachte, wenn er sich weigerte, mit mir zu kommunizieren, fing er plötzlich doch noch an, mit mir zu sprechen. Er schüttete mir förmlich sein Herz aus. Er erzählte von Angstzuständen, schlechten Beziehungen und einem Selbstwertgefühl, das nicht vorhanden war. Er redete und redete und wippte dabei – ein Stoffpony an sich gedrückt – unruhig mit dem Oberkörper hin und her. Das Wippen mit dem Oberkörper war etwas, das er eine Zeit lang häufig tat und wohl seine innere Unruhe zum Ausdruck brachte. Ich hockte auf einem Stuhl und gab mir Mühe, so empathisch und wertschätzend wie möglich zu sein, wohlwissend, dass dies gerade ein wertvoller Moment war, in dem ich vieles hinsichtlich Beziehungsaufbau richtig oder falsch machen konnte. Eigentlich tat ich nicht sonderlich viel. Ich hörte ihm aufmerksam zu und brachte ihm Verständnis entgegen, dort, wo ich das Gefühl hatte, verstehen zu können. Offensichtlich war dies genug, um bei ihm nachhaltig Eindruck zu hinterlassen. Kurz nachdem ich wieder gegangen war, lichtete er die Vorhänge, zog sich an und verließ die Kammer des Schreckens.

Einen Tag später ließ mich seine Bezugsperson wissen, dass mich Applejack – dazumal hieß er noch anders – in den höchsten Tönen gelobt habe und sehr dankbar für meine Art der Präsenz gewesen sei. Nicht nur bei ihm hatte ich etwas ausgelöst, sondern auch er bei mir. Allerdings konnte ich zu diesem Zeitpunkt noch nicht genau definieren, was es war. Ich spürte lediglich, dass er irgendetwas tief in mir berührt hatte. Erst mit der Zeit und viel Reflexionsarbeit wurde ich mir dessen bewusst, dass die Gründe dafür bis in meine Kindheit zurückreichten. Bis dahin, als die kleine Ramona damit angefangen hatte, sich in Fantasiewelten zu flüchten und sich die wildesten Liebesgeschichten auszudenken. Stets sah ich mich dabei in der starken Rolle, während der Mann beziehungsweise Junge in der Geschichte auf meine Unterstützung angewiesen war. Das wiederum beruhte wahrscheinlich – und ohne weiter in die Tiefe gehen zu wollen – darauf, dass ich schon als Mädchen gerne stark und unabhängig sein wollte. Dies nicht unbedingt im konventionellen Sinn, aber stark und unabhängig genug, um so unkonventionell sein zu können, wie ich wollte. In Wahrheit war ich nämlich eher etwas schüchtern und introvertiert. Diejenigen Jungs, die mich interessierten, wussten meist nicht einmal, dass ich existierte. Ich hatte das Gefühl, ich müsste etwas Besonderes sein und die Situation müsste genauso besonders sein, wenn ich die Aufmerksamkeit und Liebe eines Jungen für mich gewinnen wollte. Aufmerksamkeit und das Gefühl, etwas Besonderes zu sein, das war es, was mir Applejack von diesem Moment an, in welchem ich widerwillig in sein Zimmer eingebrochen war, immer häufiger gab – und dies, ohne dass ich sonderlich viel dafür getan hätte. Seine Form der Zuneigung und die besonderen Umstände schienen etwas zu sein, nach dem ich mich gesehnt hatte, seit ich ein Kind war, mir dessen jedoch nie so richtig bewusst gewesen bin.

Mittlerweile bin ich mir darüber im Klaren, dass ich in erster Linie mich selbst als etwas Besonderes erachten muss und dies nicht von meinen Mitmenschen abhängig machen darf. Das solltet ihr übrigens alle nicht. Ich hätte als Kind auch nicht das Gefühl haben müssen, erst dann etwas Besonderes zu sein, wenn ich in eine andere Rolle schlüpfte, sondern erkennen sollen, dass ich schon etwas Besonderes bin. Eine Erkenntnis, die jedem Kind zu wünschen ist. Gewisse Begehren und Prägungen sitzen allerdings so tief, dass sie erstmal über jegliches Wissen erhaben zu sein scheinen. Glücklicherweise ist es mir dennoch immer irgendwie gelungen, Wissen und Sehnsüchte sinnvoll miteinander zu verknüpfen oder, anders gesagt, weder ausschließlich auf meinen Kopf noch ausschließlich auf mein Herz zu hören. Je abhängiger ich allerdings von anderen Personen war, desto mehr hat mich diese Fähigkeit lediglich davon abgehalten, mich in Situationen zu begeben, die hätten gefährlich werden können oder, die meinen Eltern womöglich nicht gefallen hätten. Je älter und unabhängiger ich wurde, desto mehr wiederum habe ich damit begonnen, diese Fähigkeit auch dafür einzusetzen, Träume zu verwirklichen und dafür gewisse Risiken einzugehen, indem ich beispielsweise von der Norm abgewichen bin. Wie ging es weiter? Es blieb natürlich nicht bei dieser einen für mich – im Nachhinein betrachtet – fast schon schicksalhaften Begegnung. Es folgten noch unzählige solcher Momente. Es ist verrückt, wie ein paar Worte dafür ausreichen können, dass jemand Vertrauen zu einem aufbaut, wenn es denn die richtigen sind. Wahrscheinlich war es jedoch nicht ausschlaggebend, was ich gesagt hatte. Relevant war wohl eher die Art und Weise meines Daseins. Ich bin der festen Überzeugung, dass Menschen es spüren, ob man ernsthaftes Interesse an ihnen und ihrem Erleben hat oder nur so tut, und ich bin ebenfalls der festen Überzeugung, dass Applejack dazumal schon gespürt hat, dass ich wirklich wissen und verstehen wollte, was in ihm vorgeht. Es war so, wie ich dies praktisch bei allen anderen Bewohnerinnen und Bewohnern auch immer getan habe. Trotzdem hatte es sich dieses Mal anders angefühlt. Er war der erste und einzige junge Mann in der Institution, der mir auf einmal so viel Aufmerksamkeit schenkte beziehungsweise dafür sorgte, dass ich sie ihm schenkte. Er suchte immer öfters den Kontakt zu mir und ich ließ dies zu. So kam es auch dazu, dass ich eine Zeit lang tatsächlich wieder gerne zur Arbeit ging, die ich zuvor aus verschiedenen Gründen, oft als belastend empfunden habe.

Auch wenn ich mir stets vornahm und von mir erwartete, mich professionell abgrenzen zu können, konnte ich es über lange Sicht betrachtet eben doch nicht mehr. Genauer gesagt konnte ich es wahrscheinlich ab dem Moment nicht mehr, als ich ihn zu einem Teil meiner Fantasiegeschichten werden ließ. Lange Zeit war ich der Überzeugung, trotz meiner aufkeimenden Gefühle weiterhin professionell agieren zu können. Schließlich waren ja mein Verhalten und nicht meine Gedanken und Emotionen ausschlaggebend. Im Nachhinein betrachtet muss ich sagen, dass ich zwar zu keiner Zeit eine andere Klientin oder einen anderen Klienten vernachlässigt oder in Gefahr gebracht habe, ich jedoch auch niemandem so oft so viel Aufmerksamkeit geschenkt habe wie ihm. Keine Person war so präsent in meinem Kopf wie er. Hätte jemand anders so häufig den Kontakt gesucht, hätte ich innerlich wohl eher genervt als erfreut reagiert. Es ist mir wichtig, diesbezüglich ehrlich zu sein. Ich habe Nachtdienste gehasst und mit ihnen das Telefon, das jederzeit klingen konnte, auch wenn man sich gerade im Tal der Träume befand. Es war lange Zeit mein größter Feind. Wenn jedoch Applejack anrief, freute ich mich insgeheim meist darüber. Es ging so weit, dass ich sogar heimlich hoffte, er würde nachts anrufen. Ich tat nie etwas Verbotenes und es hätte für keine Schlagzeile in der Presse gereicht, höchstens für die Klatschspalte im eigenen Team. Wie gesagt, ich vernachlässigte niemanden und war stets anwesend, wenn jemand meine Hilfe brauchte. Na ja, zumindest physisch. Wenn ich jetzt darüber nachdenke, war es ein wenig, wie es manche in Bezug auf ihre Alkoholabhängigkeit beschreiben: Abends die Kinder möglichst schnell im Bett zu haben, damit das ersehnte Glas Wein getrunken und um ein paar mehr erweitert werden kann. Genauso hoffte auch ich abends darauf, dass alle Klientinnen und Klienten möglichst schnell zufriedengestellt waren und sich in ihre Zimmer zurückzogen, damit ich noch etwas mit ihm sprechen konnte, weil er meist auch um noch etwas Zeit bat. Irgendetwas beschäftigte ihn immer. Eigentlich wären wir ab einer bestimmten Uhrzeit jeweils nur noch für Notfälle zuständig gewesen, aber es zeigte sich immer wieder, dass dies ein weiter und dehnbarer Begriff ist, den weder alle Klientinnen und Klienten noch alle Mitarbeiterinnen und Mitarbeiter gleich definierten. Wir scheiterten mehrmals am Versuch, eine gemeinsame Linie zu fahren. Ich war somit definitiv nicht die Einzige, die sich auch zu „Notfallzeiten" noch auf Unterhaltungen mit der Bewohnerschaft einließ, die nicht sonderlich viel mit einem Notfall zu tun hatten. Allerdings ist dies nicht als Rechtfertigung gemeint, sondern ich möchte damit aufzeigen, wo eine der vielen Herausforderungen im Sozialbereich liegt. Ein Bereich, in dem eins plus eins nicht unbedingt immer zwei ergibt. Des Weiteren muss ich sagen, dass um diese Zeit oft die entspanntesten und wertvollsten Gespräche stattgefunden haben.

Natürlich fiel es auch dem Team auf, dass ich oft mit ihm in Kontakt stand respektive er oft den Kontakt zu mir suchte. Dies wurde durchaus kritisch beäugt, jedoch ließ man mich weitgehend meinen eigenen Umgang damit finden, was ich zu schätzen wusste. Allerdings rückten vor allem seine vermeintlichen Gefühle für mich immer wieder in den Fokus. Hingegen kann ich mich nicht daran erinnern, jemals offiziell und direkt darauf angesprochen worden zu sein, wie es denn um meine eigenen Gefühle stünde. Bei ihm war man sich schon fast sicher, dass da so etwas wie Verliebtheit sein musste. Tatsächlich war es jedoch umgekehrt.

Ich kann mich an ein Beispiel erinnern, als ich wieder einmal bei ihm im Zimmer gesessen habe, weil es ihm psychisch gerade nicht sonderlich gut ging und er entsprechend Gesprächsbedarf hatte. Während des Gespräches sagte er aus dem Nichts heraus so etwas wie: „Ich begreife nicht, weshalb sich ‚der da unten' jetzt regt, wenn es mir doch gerade so schlecht geht!" Daraus und angezettelt von mir wurde ein Riesending gemacht. Ich sah mich aufgrund unserer doch sehr nahen Beziehung und meiner heimlichen Gefühle für ihn in der Verpflichtung, besonders aufmerksam und transparent zu sein. Ich wollte mich entsprechend abzugrenzen wissen, sollte ich feststellen, dass sein Verhalten eine unangebrachte Richtung einschlug. Dies war für mich und so manch andere Person im Team der Moment, in dem wir eine Bestätigung dafür zu erhalten schienen, dass er mehr in mir sah als lediglich eine sympathische Person. Das

Paradoxe daran war, dass mich seine Aussage eigentlich nie sonderlich gestört hat, ich es jedoch als professionell erachtete, zumindest ein bisschen so zu tun, als hätte es mich gestört oder als würde ich seine Worte als kleine Grenzverletzung erachten. In Wahrheit fühlte ich mich in keinster Weise belästigt. Zum einen – und darauf bin ich nicht stolz – weil ich mir insgeheim ja wünschte, dass auch von seiner Seite aus Gefühle für mich existierten. Auf der anderen Seite habe ich die Situation wohl deshalb weder als Belästigung, Anmache noch als Grenzüberschreitung empfunden, weil ich tief in meinem Inneren gespürt habe, dass die getroffene Aussage mit keiner Faser seines Körpers einer sexuellen Anspielung entsprach. Menschen mit Autismus sind – sofern sie denn beispielsweise nicht suchtgetrieben handeln – meist sehr ehrlich. Man sagt ihnen sogar nach, dass sie nicht gut lügen könnten. Scheinen sie sich von außen betrachtet in Widersprüchlichkeiten zu verstricken, liegt dies meist nicht daran, dass sie ein abgekartetes Spiel spielen, sondern daran, dass sie sehr situationsbezogen wahrnehmen. Was sich gestern noch richtig angefühlt hat, tut es dies heute aus bestimmten Gründen vielleicht bereits nicht mehr. Gerade auf sozialer und emotionaler Ebene ist die Fähigkeit, Verknüpfungen herzustellen, zurück- oder vorauszudenken, nicht sehr ausgeprägt. Hingegen kann sie in Bezug auf ein Spezialinteresse oder sachliche Themen, überragend gut sein. Leider kommt es immer wieder vor, dass Menschen mit Autismus des Lügens beschuldigt werden, weil sie manchmal so anders wahrnehmen als neurotypische Menschen. Oftmals fällt es ihnen schwer, abzuschätzen, wann etwas vom Gegenüber als angebracht und wann als unangebracht beurteilt werden könnte. Ich bin mir mittlerweile zu 99,9 Prozent sicher, dass es sich bei seiner damaligen Äußerung um ein genau solches Beispiel gehandelt hat. Er hat mit höchster Wahrscheinlichkeit lediglich seine Gedanken in Worte gefasst, ohne davor abzuwägen, ob ich oder jemand anderes dies als unangebrachte sexuelle Äußerung in meine Richtung auffassen könnte. Tatsächlich war für ihn die eigene Inkongruenz zwischen dem, was sein Körper ihm anzeigte, und dem, was er gerade dachte und fühlte, auch am Anfang der Beziehung immer wieder ein Thema, das ihn beschäftigte. Er verstand lange Zeit nicht, wie er beispielsweise traurig sein konnte, während ihm sein Körper gleichzeitig Lust signalisierte. Dies passte für ihn nicht zusammen und löste regelrecht Stress aus. Erst, als ich ihm sein Dilemma anhand von Beispielen aus meiner Sexologie-Ausbildung erklären konnte, fing er damit an, Kopf und Körper nicht mehr so oft getrennt voneinander zu betrachten.

Im Nachhinein schäme ich mich ein wenig für meine eigene Verblendung und diejenige, die stellenweise auch mein Team betraf. Situationen wurden falsch eingeschätzt, sei es in Bezug auf seine Sucht, den (unentdeckten) Autismus oder eben seine Beziehung zu mir. Fairerweise muss man allerdings sagen, dass er schwer einzuschätzen war, zumal er das Talent besaß, sich die Dinge nicht nur zurechtzulegen, sondern auch zurechtzureden. Daraus entstand eine Dynamik, die weder uns als Team noch ihm selbst weitergeholfen hat. Es passiert unheimlich schnell, dass gewisse Aspekte miteinander vermischt und/oder falsch ein- und zugeordnet werden. Dies auf eine Art und Weise, welche anstelle von Ordnung Unordnung schafft und statt für Orientierung für Desorientierung sorgt.

Er ist heute in mich verliebt, aber war dies im Wohnhaus übrigens tatsächlich noch nicht, wie es wohl dazumal der gängigen Meinung entsprochen hatte. Wäre dem so gewesen, so könnte er dies spätestens heute zugeben, ohne negative Konsequenzen befürchten zu müssen. Nein, für ihn war ich wie eine Schwester, was man in diesem Kontext natürlich auch schon als etwas zu nahe beurteilen könnte, was aber nichts mit einer rosaroten Brille gemein hatte. Geschenke und Komplimente zu verteilen oder jemanden auch mal zu umarmen, das war und ist lediglich seine Art und Weise, wie er es Menschen zeigt, dass er sie mag. Je mehr er sie mag, desto stärker und eindeutiger bringt er dies zum Ausdruck. Er hat sich im Grunde lediglich genommen, was ich ihm bereit zu geben war. Im Gegensatz zu mir ganz ohne romantischen und sexuellen Hintergedanken. Und selbst wenn dem so gewesen wäre, so hätte er solche Gefühlsregungen gar nicht als das wahrnehmen können, was sie denn gewesen wären. Für ihn war klar, dass wir in einem Arbeitsverhältnis zueinanderstehen. Darüber hinaus dachte er nie. Des Weiteren befand er sich zu diesem Zeitpunkt in einer Beziehung und der Kanal für das Interesse an anderen Frauen war – wie er mir später einmal erklärt hat – gemäß seiner (Autismus-)Logik nicht offen. Aufgrund seiner Bisexualität (heute würde er sich als pansexuell bezeichnen) war es lediglich so, dass er sich nach Absprache mit seiner damaligen Partnerin auch mit Männern treffen durfte. Nicht, dass dies gang und gäbe wäre, wenn jemand bisexuell und in einer festen Beziehung ist, aber die beiden hatten sich dafür entschieden, eine offene Beziehung zu führen. Eine, die sich allerdings wie erwähnt nur auf das jeweils gleiche Geschlecht bezog. Er durfte Männer treffen, sie Frauen. Kann sein, dass dies auf manche den Eindruck gemacht hat, dass er seine Fühler womöglich auch bis zu einer Mitarbeiterin hin ausstrecken könnte. Erstens war ich jedoch kein Mann und zweitens war eine Liaison zwischen Klient und Fachperson – wie bereits erwähnt – kein Bestandteil seines Vorstellungsvermögens. Nur weil jemand eine etwas offenere Sexualität lebt, heißt dies zudem noch lange nicht, dass er empfänglich für alles ist, das nicht bei drei auf dem Baum ist. Fazit: Er mag während unseres Arbeitsverhältnisses romantische oder sexuelle Gefühle für andere Männer oder Menschen außerhalb des Wohnhauses gehabt haben, jedoch nicht für mich. Und eben, selbst, wenn welche dagewesen wären, so hätte er diese nicht bewusst wahrgenommen und dementsprechend wäre sein Verhalten mir gegenüber auch nie von der Intention geprägt gewesen, mir auf dieser Ebene näherzukommen.

Viel eher hätte man da schon meine Gefühle, die ich schön, aber offenbar nicht wirklich erfolgreich unter Verschluss hielt, genauer beleuchten sollen. So manche auf ihn bezogene Handlung konnte ich als professionelle Intervention verkaufen, auch wenn es sich in meinem Inneren bald nicht mehr oder nicht mehr nur danach angefühlt hat. Irgendwann fragte ich ihn sogar, begründet mit seinem Nähe suchenden Verhalten, ob er mehr für

mich empfinden würde, als dies unser Arbeitsverhältnis zuließe.
Er verneinte meine Frage klar, brachte jedoch zum Ausdruck,
wie sehr er mich mögen und schätzen würde, und äußerte zudem den Wunsch, auch nach seiner oder meiner Zeit in der Institution den Kontakt aufrechtzuerhalten. Letzteres freute mich,
das andere hingegen stimmte mich traurig. Nun hatte ich es mit
eigenen Ohren gehört: Er wollte nichts von mir. Die Gewissheit
half mir immerhin eine Zeit lang dabei, mich gefühlsmäßig wieder etwas von ihm zu distanzieren. Dennoch legte ich schon bald
wieder jedes Wort von ihm auf die Goldwaage, das irgendwie
danach klang, dass da vielleicht doch etwas mehr sein könnte,
als er zugab. Die Situation wurde für mich irgendwann so un-
erträglich, dass ich beschloss, meine Stelle aufzugeben, sollte es
nicht in absehbarer Zeit zu einem Austritt seinerseits kommen.
Ich hätte übrigens auch sofort gekündigt, hätte er jemals zum
Ausdruck gebracht, dass er Gefühle für mich hegt. Einerseits,
weil mir dann völlig klar gewesen wäre, dass ich das Minimum
an Professionalität, das ich stets aufrechtzuerhalten versuchte,
nicht mehr hätte aufrechterhalten können. Andererseits natürlich, weil ich mich dann wohl früher oder später auf eine Liebesbeziehung mit ihm eingelassen hätte, allerdings niemals im Rahmen unseres Arbeitsverhältnisses. Außerdem – und an dieser
Stelle nicht ganz unwesentlich zu erwähnen – befand auch ich
mich während meiner Zeit in der Institution in einer festen und
zudem geschlossenen Partnerschaft, die bereits mehrere Jahre
andauerte. Doch bevor mich jetzt alle an den Pranger stellen:
Ich war zwar nicht mehr glücklich, aber hätte ihn – auch wenn
dies Definitionssache ist – niemals betrogen oder etwas Neues angefangen, ohne die Beziehung erst zu beenden. Im Gegenteil. Ich habe lange Zeit dafür gekämpft, denn er war ein toller
Mann, sonst wäre ich schlussendlich nicht fast neun Jahre mit
ihm zusammen gewesen. Um die Beziehung zu retten, bin ich
in verschiedene Therapien gegangen, mal allein, mal mit ihm
zusammen, doch der Hund war wohl nicht nur längst tot, sondern schon lange verbuddelt. Aus Respekt vor der Privatsphäre
meines damaligen Partners werde ich an dieser Stelle auf weite-

re Ausführungen, die ihn und unsere Beziehung betreffen, verzichten. Jedenfalls dachte ich lange, dass die Gefühle für diesen Klienten und meinen heutigen Mann Applejack überhaupt nur zustande gekommen seien, weil ich in meiner damaligen Beziehung unglücklich war und mich nach etwas anderem sehnte. Ich redete mir ein, dass mir mein Gehirn einen Streich spielte und es sich bei den aufkeimenden Gefühlen lediglich um eine Art Kompensationsverhalten handelte. Ich ging davon aus, dass diese Gefühle wohl spätestens dann wieder verschwinden würden, wenn ich meine aktuelle Beziehung entweder beendete, mit mir selbst zufriedener war oder Applejack aus den Augen verlor. Ich versuchte regelrecht, meine Gefühle „wegzutherapieren". So waren sie beispielsweise immer mal wieder Thema bei meiner damaligen Psychologin. Eine gute Freundin sagte zudem einmal zu mir: „Es liegt ein Zauber auf ihm. Wir müssen ihn entzaubern!" Heute lachen wir beide darüber, denn wie man sehen kann, hat dies nicht wirklich funktioniert. Zum Glück.

Jedenfalls wurde mir die Entscheidung abgenommen, wann ich kündigen sollte, denn er wurde noch während einer ferienbedingten Abwesenheit meinerseits aus der Institution geschmissen, da er als nicht mehr tragbar galt. Auch ich war – dem allmächtigen Einhorn sei Dank – mittlerweile so weit, dass ich dies trotz des ganzen Gefühlswirrwarrs ebenfalls so beurteilen konnte. Weshalb es schlussendlich genau zum Rausschmiss kam und wie sich das mit uns weiterentwickelte, davon erzähle ich euch im nachfolgenden Kapitel.

Der Treibhauseffekt

Dass das mit der Abgrenzung nicht mehr so funktionierte, wie ich es mir wünschte, hätte ich spätestens dann merken sollen, als ich im weitesten Sinne co-abhängig wurde. Das heißt, ich habe ihn bei seinem Konsum, der damals noch nicht ausschließlich als Konsum bezeichnet wurde, unwissentlich unterstützt. Auch das ist definitiv nichts, auf das ich voller Stolz zurückblicken würde. Fairerweise muss ich sagen, dass ich nicht die Einzige gewesen bin, die nicht erkannt hat, dass wir seine Sucht mit gewissen Verhaltensweisen fördern. Heute ist mir mehr als bewusst, wie falsch es ist, jemandem in diesem Kontext dabei zu helfen, sich eine Spritze zu setzen. Ich muss mir immer wieder an den Kopf greifen, wenn ich darüber nachdenke. Dazumal jedoch war ich tatsächlich davon ausgegangen, dass dem armen Mann ja wohl nichts anderes mehr übrigblieb, als beispielsweise auf die Injektion eines Muskelrelaxans zurückzugreifen. Was sollte er denn tun bei diesen anhaltenden Schmerzen, für die es weder eine aufschlussreiche Erklärung noch Linderung zu geben schien? Es schien mir plausibel und gerechtfertigt, dass er aufgrund der ach so miserablen Umstände auf diese Art und Weise Abhilfe schaffte. Zwar erkannte ich, dass die negativ sichtbaren Konsequenzen seiner vermeintlichen Selbstmedikation nichts Gutes verheißen konnten, aber weder kam mir eine alternative Lösung in den Sinn noch konnte ich sein Agieren als Suchtverhalten identifizieren.

Es herrschte wohl ein gewisser Grad an allgemeiner Hilflosigkeit und die hatte mittlerweile zu einer kleinen, aber feinen Spaltung unseres Teams geführt. Da gab es diejenigen, die seinen Zustand und sein Verhalten zunehmend als untragbar und im höchsten Maße selbstgefährdend erachteten, und die andere Fraktion, die ihn sozusagen nicht aufgeben wollte und nach anderen Erklärungen und Lösungen für sein Verhalten suchte als diejenige einer Kündigung. Fakt ist, wir hätten alle seine

Sucht als solche erkennen oder zumindest auf jene hören sollen, die sie als das erkannt haben, was sie war. Ein anderer Umgang damit wäre durchaus sinnvoll gewesen. Fakt ist auch, dass je länger jemand einer Sucht frönen kann, desto mehr problematische Situationen entstehen, auf die eine Person zu einem späteren Zeitpunkt einmal zurückblicken muss. Je beschämender und schwerwiegender solche Rückblicke sind, desto höher ist die Rückfallgefahr. Es kann dann unter Umständen so schmerzhaft sein, sich mit gewissen Erinnerungen auseinanderzusetzen, dass man auf altbekannte Muster zurückgreift und erneut konsumiert. Man konsumiert, um zu verdrängen oder weil man gar denkt, es nicht anders verdient zu haben. Fakt ist allerdings auch, dass eine Person als erster Schritt von sich aus bereit sein sollte, sich ihre Sucht einzugestehen. Der zweite Schritt besteht anschließend darin, etwas an seiner Situation verändern zu wollen und dies auf der Handlungsebene schlussendlich auch zu versuchen. So hätten wir ihn mit gutem Zureden höchstwahrscheinlich nicht davon abhalten können, sich – wie er es nannte – selbst zu medikamentieren. Ich glaube aber, dass es dennoch wichtig ist, als Institution, gerade bei Themen wie Sucht oder Gewalt, gut genug geschult zu sein, um sich klarer über die Vorgehensweise im Fall der Fälle sein zu können. Das heißt, wir hätten Applejack zwar nicht instant verändern, jedoch trotzdem dazu beitragen können, dass sich ein Rädchen in Gang setzt, indem er die Konsequenzen seines Konsums früher zu spüren bekommen hätte. Man hätte ihn eher vor die Entscheidung stellen und sagen sollen: „Entweder machst du einen Entzug, ansonsten kannst du nicht bei uns bleiben und wirst dies über kurz oder lang auch in keiner anderen Institution tun können." Dies hätte ihm zumindest vor Augen geführt, dass es künftig schwierig für ihn werden könnte, sollte er seine Sucht nicht besser in den Griff bekommen. Es war auch kaum möglich, in diesem Zustand mit ihm zu arbeiten, so wie es bei vielen Personen der Fall ist, deren Leben sich fast ausschließlich um die Sucht dreht. Ich habe von Therapeutinnen und Therapeuten gehört, die erst dann mit einer Behandlung beginnen, wenn die Klientin oder der Klient bereit ist, sich mit seinem Konsum auseinanderzusetzen. Wir waren zwar keine Therapeutinnen und Therapeuten, aber in seinem Fall trotzdem nicht die richtige Anlaufstelle. Mit einer frühzeitigen und klaren Ansage wäre Applejack dazu gezwungen gewesen, selbst Verantwortung für sein Handeln zu übernehmen.

Ein Teil des Teams – und da zähle ich mich dazu – war wohl einfach unwissend und/oder (noch) nicht bereit, ihn aufzugeben. Oftmals wird in diesem Zusammenhang vergessen, dass jemanden loszulassen nicht gleichbedeutend mit „Aufgeben" ist. Nicht selten fielen in solchen Situationen Sätze wie „Wo soll er denn hin?" und man war geneigt, die Fähigkeiten der Menschen zu unterschätzen. Es gibt Leute, die es als persönliches Versagen erachten, wenn sie sich eingestehen müssen, dass sie jemanden nicht erfolgreich behandeln, betreuen und begleiten können. Für mich gehört aber genau diese Erkenntnis zu einer professionellen Haltung. Dieses Eingeständnis ist keine Schande, sondern Teil einer gesunden Selbstreflexion. Applejack selbst war zu diesem Zeitpunkt noch weit davon entfernt, den Tatsachen ins Auge blicken zu können. Auch wenn zwischendurch gewisse Anzeichen dafür mal aufblinkten, fehlte es ihm schlussendlich noch an Einsicht und Willen. Er redete sich lange selbst ein, dass er ja nur (meist) offiziell verordnete Medikamente etwas anders einnahm, als es vorgesehen war. Seiner Meinung nach passte er die Einnahme seinen Bedürfnissen an. Er wollte und konnte nicht wahrhaben, dass dadurch gefährliche Mischungen entstanden, die ihn beinahe ins Grab gebracht hätten. Auch konnte und wollte er nicht wahrhaben, dass um die zehn Spritzen pro Tag nicht dasselbe sind wie zehn Haribos. Er redete es sich zurecht, wie es viele Süchtige tun, und entsprechend redeten es sich auch einige von uns zurecht. So ließ ich mich beispielsweise dazu hinreißen, ihm bei seinen „Behandlungen" zu assistieren. Ich war darum besorgt, dass die Nadel nicht im Arm stecken blieb, während er „wegdriftete". Völliger Schwachsinn. Ich tat es nicht mit dem Bewusstsein, etwas Falsches zu tun, und es wurde eine Zeit lang sogar offengelassen, wer ihm in solchen

Momenten welche Form der Unterstützung geben wollte. Erst als ein Mitarbeiter den Begriff „Co-Abhängigkeit" erwähnt und unabhängig von mir von suchtförderndem Verhalten gesprochen hat, fiel der Groschen. Es dämmerte mir allmählich, dass das, was ich und andere fabrizierten, nichts mit Hilfe zur Selbsthilfe zu tun hatte, ganz egal, wie man es drehte und wendete. Applejack gab je länger denn mehr die Verantwortung für sein Tun und Handeln ab. Ein ehemaliger Mitarbeiter hat zwischendurch gerne vom sogenannten Treibhauseffekt gesprochen. Wenn ich mich recht erinnere, ist der Begriff einst im Rahmen einer Supervision entstanden. Mit dem Treibhauseffekt waren jedenfalls die positiven Auswirkungen gemeint, welche das sozialpsychiatrische Wohnhaus auf unsere Klientel haben konnte. Wie angeschlagene Pflänzchen war es ihnen theoretisch möglich, sich in einem geschützten und unterstützten Rahmen zu erholen. Sie konnten regenerieren, wachsen und gedeihen und bestenfalls schafften sie es irgendwann, den wohnhäuslichen Kokon oder eben das Gewächshaus gestärkt zu verlassen und in der Welt außerhalb zu bestehen. Was mir erst mit den Jahren bewusst geworden ist, ist die Tatsache, dass dieses im Grunde so stimmig erscheinende Bild nicht immer der Realität entspricht. Von allen Vorteilen abgesehen kann ein Treibhaus auch gegenteilig wirken. Während darin im Idealfall vorhandene Ressourcen gestärkt und dadurch die besten Seiten eines Menschen sichtbar gemacht werden, besteht gleichzeitig auch immer die Gefahr, dass ein Treibhaus zu einer Brut- oder vielmehr Wachstumsstätte für Persönlichkeitszüge und Verhaltensweisen mutiert, die der Person langfristig gesehen eher schaden. Schlimmstenfalls gibt sich eine Person ihrem Schicksal hin, lässt sich gehen und verliert zunehmend an Scham- und Selbstwertgefühl. Die Verantwortung für das eigene Leben und somit auch Lebensglück wird immer mehr abgegeben. Wenn alle schon glauben, dass man sehr krank ist, so darf man es – ohne Rücksicht auf Verluste – auch sein und getrost noch eine Schippe drauflegen. Symptome werden mit Reservemedikamenten bekämpft und Konsequenzen treten hie und da nur in Form von Verwarnungen ein, weil: Man kann ja nichts dafür. Sich inadäquat zu verhalten, ohne Konsequenzen fürchten zu müssen, indem man zum Beispiel lernt, mit seinen Symptomen umzugehen, kann sich als bewusster oder unbewusster „Gewinn" einschleichen. Die Triebe im Treibhaus sprießen wie verrückt, aber anstatt in Richtung Himmel wachsen sie in den Boden und halten die Person an Ort und Stelle fest.

Mein Mann gehörte zu denjenigen, bei dem sich die Gewächshausatmosphäre im negativen Sinne gezeigt hat. Er hat gelernt, Verantwortung abzugeben, anstatt zu übernehmen. Seine schlechtesten Seiten kamen zum Vorschein. Seiten, die leider auch über das Liebenswerte an ihm hinweggetäuscht haben. Er hatte sein Leben schlicht nicht mehr im Griff und war dem Tod näher als mancher Greis. Der letztendliche Rauswurf aufgrund von Untragbarkeit war seine Rettung. Zwischen dem Mann, den ich dazumal im betreuten Wohnen kennengelernt habe, und demjenigen, der heute vor mir steht, liegen Welten. Dennoch hat seine Vergangenheit dazu geführt, dass kaum jemand in meinem Umfeld begeistert war, als ich offenbarte, dass ich es mit ihm versuchen möchte. Niemand glaubte an ein Happy End. Manche konnten nicht, andere wollten nicht. Ich war mir nicht sicher, ob die Beziehung mit ihm halten würde, aber ich war mir wohl noch nie in meinem Leben so sicher, dass ich es versuchen musste. Für genauso verrückt, wie manche meine Entscheidung gehalten haben, hielt ich es, etwas aus Angst einfach zu unterlassen.

Nach seinem Rauswurf sind wir zufällig im Bus wieder aufeinandergetroffen. Es war vorerst der Beginn einer Freundschaft oder besser gesagt die Fortführung einer schon immer dagewesenen Verbindung. Von der Vorstellung einer Liebesbeziehung war ich mittlerweile abgerückt, da er sich bereits in einer neuen Beziehung befand und weiterhin kein Interesse an mir zu haben schien. Als auch seine neue Beziehung nach kurzer Lebensdauer in die Brüche ging, nahm ich schließlich meinen Mut zusammen und gestand ihm meine Gefühle. Ich wollte es nicht so direkt sagen und versuchte, es ihm stattdessen mit den Worten klarzumachen: „Ich empfinde mehr für dich als nur Freundschaft oder geschwisterliche Gefühle!" Und er? Er stand sowas von auf dem Schlauch. Der Spektronaut in ihm nahm Überhand und fragte erstaunt: „Was gibt es denn da noch mehr?" Ich sah mich also gezwungen, ihm klipp und klar zu erläutern, was Sache ist. Irgendwann begriff er zwar, was ich meinte, konnte meine Gefühle aber noch immer nicht erwidern. Ich spürte, dass mir dies zwar weh tat, er mir als Mensch jedoch zu wichtig war, um den Kontakt aufgrund von Zurückweisung einfach abzubrechen. Dennoch schienen meine Gefühlsbekundungen ein Regelwerk in ihm in Gang gesetzt zu haben. Je mehr ich auf mich achtete und ehrlich mit meinen Bedürfnissen umging, desto mehr schien er darauf zu achten, was dies wiederum in ihm auslöste. So machte ich ihm beispielsweise klar, dass ich keine Lust hätte, mich gemeinsam mit ihm und seiner Exfreundin zu treffen, da es mir nicht gut damit gehen würde, sie beide zusammen zu sehen. Obwohl sie – als er sich noch in der Wohninstitution befand – mit ihm Schluss gemacht hatte, scharwenzelten die beiden dennoch zwischendurch miteinander. Ich beschloss, mich deshalb etwas von ihm zu distanzieren, was ich ihm auch mitteilte.

Im Laufe der Zeit habe ich dann schließlich auch meinem damaligen Partner gestanden, dass ich mehr Gefühle für Applejack hätte, als mir lieb sei, und beendete kurz darauf die Beziehung. Ich habe – wie angetönt – deshalb so lange gewartet, weil ich die Gefühle in Bezug auf Applejack weder einordnen noch richtig ernstnehmen konnte. Letztendlich war es jedoch ein Befreiungsschlag für mich, einen Schlussstrich ziehen zu können, denn glücklich war ich – auch unabhängig von Applejack – schon länger nicht mehr. Etwas, das auch meinem heutigen Ex unmöglich entgangen sein konnte, weil er um unsere Probleme wusste, die Ernsthaftigkeit der Lage wohl aber bis zum Ende nicht richtig wahrhaben wollte.

Mein zwischenzeitlicher Rückzug und die von mir gewünschte Distanz sorgten dafür, dass das Regelwerk im Kopf meines heutigen Mannes etwas eifriger zu arbeiten begann, und plötzlich war er offen, der Kanal, der bis anno dato nicht zugänglich gewesen war. Es lief offenbar etwas anders ab, als es dies bei den meisten Menschen tut, die feststellen, dass sie sich in jemanden verliebt haben. Sein Denkprozess basierte weniger auf der Grundlage von Emotionen, sondern der Herstellung von logischen Zusammenhängen. Irgendwie hatten wir schließlich schon immer ein gutes Verhältnis, irgendwie fühlte er sich in meiner Gegenwart wohl und irgendwie machte es ihm doch etwas aus, als ich seine vermeintlich scherzhaft gemeinte Frage „Willst du mit mir gehen?", welche er mir als Ankreuzbild geschickt hatte, unbeantwortet ließ. Und irgendwie fand er mich im Endeffekt wohl doch genügend attraktiv, als dass die Vorstellung, mir auch auf körperlicher Ebene näherzukommen, keinen Brechreiz in ihm auslöste.

Manche mögen nun vielleicht darin den endgültigen Beweis dafür sehen, dass er wohl doch schon immer Gefühle für mich hegte, welche lediglich erst jetzt zum Ausbruch gekommen waren. Ich allerdings sehe diese Veränderung nicht als Fenster, das schon immer in ihm existiert und das er erst jetzt geöffnet hatte. Ich sehe ein Fenster, das erst zu diesem Zeitpunkt gebaut wurde und bei dem er sich nach einiger Zeit schließlich dazu entscheiden konnte, es zu öffnen.

Seine Gefühle gestand er mir via Sprachnachricht, als ich gerade Nachtdienst hatte und mich jedoch schon ins Bereitschaftszimmer zurückgezogen hatte. Er stotterte etwas herum und brachte dann in etwa zum Ausdruck: „Nachdem ich darüber nachgedacht habe, bin ich zum Entschluss gekommen, dass dies wohl Liebe sein muss." Das ist eine der analytischsten und kuriosesten Liebeserklärungen, die ich je erhalten habe, aber sie führte dazu, dass ich beinahe zum Medikamentenschrank gegangen wäre und mir ein Temesta reingezogen hätte. Mein Puls überschlug sich und meine Augen waren weit aufgerissen, denn damit hatte ich nun wirklich nicht (mehr) gerechnet. So kam es jedenfalls doch noch dazu, dass wir wenig später tatsächlich ein Paar geworden sind. Es war der Start in eine äußerst turbulente, lehrreiche, herausfordernde und wertvolle Zeit voller Höhen und Tiefen. Die Endorphine werden dazu beigetragen haben, dass die Schmetterlinge in meinem Bauch – gerade in unseren Anfängen – öfters zu kleinen Kampfjets mutiert sind. Solche, die sich immer wieder erfolgreich bis zum Horizont vorgekämpft haben und es schafften, einen Blick auf das zu erhaschen, was alles noch möglich sein konnte.

Ein Bekannter von ihm sagte einmal, als wir zufällig auf ihn trafen, Folgendes über Applejack: „Er ist ein Guter, aber man muss bei sich bleiben!" Dieser Bekannte war zu jenem Zeitpunkt zwar betrunken und ich hatte im Allgemeinen etwas Mühe, seinen Worten zu folgen, aber dennoch hat er damit etwas gesagt, das mir tatsächlich sehr wichtig und richtig erschien. Die Fähigkeit, bei sich bleiben zu können, erachte ich nicht nur dann als relevant, wenn man eine Partnerschaft mit einem Menschen eingeht, der Autismus hat, sondern in jeglichen Beziehungen. Eine gewisse Hilfsbereitschaft ist sicherlich nicht verkehrt und sogar lobenswert, aber es ist meiner Meinung nach weder gesund noch sinnvoll, zu einer Mutter Teresa zu mutieren. Ich werde so zwar nie heiliggesprochen werden, aber dafür mein eigenes Seelenheil bewahren können, denn lieber bin ich heil als heilig.

In diesem Zusammenhang bin ich auch davon überzeugt, dass das Beste, was ich je für ihn und mich tun konnte, war, zwar für ihn da zu sein, aber nie mehr, als ich es für mich selbst gewesen bin. So hörte ich ihm zu, wenn er sich mit sich selbst auseinandersetzte, zeigte ihm gleichzeitig aber auch auf, was er nicht hören wollte. Es war eine Art „Stop and Go", aber stets war da eine langsame Vorwärtsbewegung seinerseits spürbar. Es war nicht so, dass ich mir am Anfang der Beziehung wirklich bewusst darüber gewesen wäre, dass er nach wie vor Medikamentenmissbrauch betrieb, aber das ist eigentlich auch zweitrangig, weil wirklich wichtig war: Ich schaffte es meist, ihn stehen, sitzen und liegen zu lassen, wenn ich spürte, dass es mir zu bunt, zu viel oder zu blöd wurde. Ich war schonungslos ehrlich und teilte ihm mit, wenn mir etwas nicht passte. Auch das gehört für mich in eine aufrichtige Liebesbeziehung. Ich bin immer für meine eigenen Bedürfnisse eingestanden – auch dann, wenn ich Angst hatte, meinen Freund womöglich damit zu überfordern. Auf was ich mit der Zeit aber geachtet habe, ist, wie ich diese äußere, denn das empfand ich, im Gegensatz zum grundsätzlichen Unterdrücken meiner Bedürfnisse, als angebrachte und sinnvolle Art und Weise, ihm entgegenzukommen. Ich wusste ja, dass sein Gehirn irgendwie anders zu funktionieren schien, auch wenn der Autismus in der ersten Zeit unseres Zusammenseins noch kein Thema war, weder für ihn noch für mich. Zudem möchte ich auch keine falschen Zusammenhänge herstellen und beispielsweise den Eindruck erwecken, dass es typisch für Menschen mit Autismus ist, wenn sie plötzlich neben einem wegnicken, denn das war definitiv nicht dem Autismus, sondern irgendwelchen Substanzen zuzuschreiben. Hingegen kann die Begebenheit, dass er anfangs lieber Serien wie „My Little Pony" als unter mein Shirt geschaut hat, schon eher ein Hinweis darauf gewesen sein, dass ein kleiner Spektronaut in ihm stecken könnte.

Bolognese im Klo

In diesem Kapitel beschreibe ich eines der herausforderndsten Kapitel in unserer Beziehung. Eines, bei dem ich bereits nach kurzer Beziehungsdauer beinahe kapituliert hätte. Eines, über das kaum jemand in meinem Umfeld detailliert Bescheid weiß, weil ich darüber nicht gesprochen habe. Ich wollte niemanden in seiner eventuellen Sorge, was diese Beziehung anbelangte, bestätigen.

Ich hatte ihn an diesem Tag nach Hause begleitet, weil er im Bus auf meiner Schulter eingenickt war. Soweit nichts Tragisches, das jeder Person einmal passieren kann, wenn sie sehr müde ist. Tragisch war es, dass sich sein Zustand nicht auf Müdigkeit zurückführen ließ, jedenfalls nicht auf eine im klassischen Sinne. Zu diesem Zeitpunkt war mir wie gesagt noch nicht bewusst, dass er nach wie vor gelegentlich konsumierte. Dass er Cannabis rauchte, wusste ich, aber nicht, dass die verdammten Nadeln und Spritzen noch immer zum Einsatz kamen. Ich war der Überzeugung, dass er dieses schädliche Hobby mittlerweile hinter sich gelassen hat. Entsprechend irritiert und besorgt war ich an diesem Tag auch, als er nach einer anfänglich eher euphorischen Begrüßung plötzlich und ohne Vorwarnung neben mir im Sessel hing. Das Bild, das sich mir zeigte, ließ verheißen: Ich bin dann mal weg! Seine Augen waren zugefallen und sein Kopf nach vorne geneigt. Es entsprach in etwa dem Bild einer Puppe oder jenem, das man vor Augen hat, wenn man sich eine zugedröhnte, etwas weggetretene Person vorstellt. Kein schmeichelhafter Anblick jedenfalls. Es war mir unangenehm. Was, wenn jemand eingestiegen wäre, den ich gekannt hätte und ich den Menschen, der wie ein Sack Kartoffeln auf mir lag, als meinen neuen Partner hätte vorstellen müssen? Damit es eher den Eindruck machte, als wäre er wirklich nur übermüdet und schläfrig, forderte ich ihn dazu auf, seinen Kopf auf meine Schulter zu legen. Ich wusste nicht, was mit ihm los war und er auch nicht. Natürlich nicht, denn er befand sich ja erst am Anfang seiner Transformation. Er wollte erst mit einem Auge auf die nackte Realität blicken. Es wurde entsprechend nichts aus dem geplanten Spaziergang. Dazumal hatte ich scheinbar noch viele Nerven, viel Unwissen und Mitgefühl für solche Szenarien übrig und begleitete ihn wie erwähnt nach Hause. Ich nahm das missglückte Treffen relativ gelassen hin und dachte mir, dass morgen ja auch noch ein Tag wäre, dies ganz getreu nach dem Motto: Neuer Tag, neues Glück. Wenn ich dazumal gewusst hätte, was ich heute weiß. Der neue Tag kam, das Glück allerdings weniger. Als ich am späteren Nachmittag bei ihm eintrudelte, begrüßte er mich ähnlich überschwänglich wie gestern, was mich anfangs noch freute, da mir sein Verhalten das Gefühl vermittelte, dass er sich in guter Stimmung befand. Bald musste ich jedoch feststellen, dass seine vermeintlich gute Stimmung vorwiegend vom Cannabiskonsum herrührte. Ich möchte an dieser Stelle betonen, dass ich nichts dagegen habe, wenn er Gras oder sonstige Pflanzen konsumiert. Von mir aus kann er eine Orchidee rauchen, solange dies keine spürbar negativen Auswirkungen auf unser Zusammensein hat. Das ist mein Prinzip und Trugschluss zugleich. Er war auf eine kindliche Art und Weise anhänglich und kuschelbedürftig, während mir hingegen eher Erwachsenendinge vorschwebten. Kurz gesagt: Unsere Bedürfnisse standen absolut nicht kongruent zueinander. Ich hatte weder Bedarf noch Nerven für sein Verhalten. Als er abermals kurzzeitig einnickte, konnte sich der emotionale Affe in meinem Kopf nicht mehr zusammenreißen und öffnete seine Schleusen. Noch gab ich nicht ganz auf, obwohl ich wahrscheinlich bereits zu diesem Zeitpunkt spürte, dass der Abend gelaufen war. Ich machte den Vorschlag, spazieren zu gehen. Ein bisschen frische Luft konnte nicht schaden, dachte ich. Sein Anblick während des Spazierens machte mich allerdings schrecklich wütend, weil er alles andere als präsent und aufnahmefähig wirkte. Bin ich wütend, so mündet dieses Gefühl meist in Tränen. Unter fließenden Bächen teilte ich ihm folglich meine Empfindungen und Bedürfnisse mit.

Das vergaß ich zum Glück nie. Er war nicht in der Lage, darauf einzugehen, denn das Bekifftsein verbesserte seine sozialen Fähigkeiten auf emotionaler Ebene nicht gerade. Substanzen mögen zwar nicht immer bestimmte Probleme verursachen, verbessern unseren Umgang damit aber keineswegs. Im Gegenteil. Nach unserer Rückkehr packte ich kurzerhand meine Sachen und stürmte davon. An der Bushaltestelle sah ich mir zwanghaft mehrmals das lustige Video der enthusiastischen und faschingbegeisterten Frau an, das mir meine Schwester einmal gesendet hatte. Die Frau bereut im Video, dass sie ihren blinkenden Narrenhut zu Hause vergessen hat. Dabei spart sie nicht an Kraftausdrücken. Mir hingegen war nicht mehr zum Fluchen. Ich hätte einfach nur heulen können, aber diese schrullige Frau half mir in jenem Moment dabei, das Bushäuschen nicht unter Wasser zu setzen.

Noch in derselben Nacht schickte er mir eine verweinte Sprachnachricht, in der er wie so oft sein schlechtes Gewissen zum Ausdruck brachte. Interessanterweise gewöhnte ich mich daran. Ich konnte wütend sein und er entschuldigte sich. Das schien in Ordnung zu sein, weil er ja schließlich derjenige war, der Mist baute. Als er im Laufe der Zeit dann allerdings weniger Mist baute, weil er dazulernte, sich weiterentwickelte und stabilisierte, funktionierte diese Taktik nicht mehr so gut. Plötzlich war nun manchmal er derjenige, der zu Recht wütend auf mich war, denn natürlich war ich auch keine Mutter Teresa. Der gewohnheitsliebende Affe in meinem Kopf wollte dies allerdings nicht wahrhaben. Es hatte doch so gut funktioniert bisher. Ich kläffte oder zog mich jaulend zurück und er brachte mir reumütig einen Hundeknochen. Dass manchmal auch ich diejenige war, die ihm einen Hundeknochen hätte bringen sollen, wollte ich zunächst nicht einsehen. Zum Glück schritt schließlich jedoch der Selbstoptimierungsaffe ein und zeigte seinem tierischen Zeitgenossen, wo der „Hund" wirklich begraben lag.

An jenem Tag war jedoch alles noch ein wenig anders. Ich hatte kein Cannabis geraucht und musste mich nicht dafür entschuldigen, dass ich mich auf einen netten Tag mit ihm gefreut hatte. Entsprechend war ich enttäuscht, traurig und frustriert. So sehr, dass ich ihm länger nicht antworten konnte, beziehungsweise tat ich dies erst, als er sich am Tag darauf zum zweiten Mal meldete und sich entschuldigte, ohne dass er – so glaube ich – zu diesem Zeitpunkt überhaupt recht wusste, wofür er sich eigentlich entschuldigte.

Obwohl ich mich im Kopf noch nicht geordnet fühlte, beschlossen wir wenig später, uns noch am selben Tag für ein Gespräch persönlich zu treffen. Ungeachtet der Tatsache, dass ich ihm gegenüber rückblickend auf die letzten Treffen betonte, dass ich meine eigenen Bedürfnisse nicht permanent zurückstecken könne und dafür auch Raum sein müsse, stand bei einem Telefonat – unmittelbar vor unserer geplanten Verabredung – erneut seine Befindlichkeit im Vordergrund. Ich versuchte ihm daher, nochmals deutlich zu machen, was ich von unserem bevorstehenden Treffen erwartete.

Etwas später trafen wir uns schließlich in der Stadt und ich wusste schon, als ich ihn sah, dass es eventuell schwierig werden könnte mit dem Raum für mich und so. Der erste Eindruck täuschte nicht. So konnten wir zwar ein Gespräch führen und uns etwas austauschen, aber der Dialog war nicht besonders konstruktiv. Er machte irritierende Aussagen und auf Fragen und Rückmeldungen meinerseits wusste er nicht wirklich eine Antwort. Am Ende kamen wir entsprechend auch zu keiner befriedigenden Lösung.

Dennoch entschloss ich mich anschließend dazu, bei ihm zu übernachten, weil ich eben trotz aller Vernunft verliebt war und Zeit mit ihm verbringen wollte. Wieder ignorierte ich dafür mein Bauchgefühl, welches mir zu diesem Zeitpunkt mitteilte, dass ich besser nach Hause gehen sollte. Er hatte einen dermaßen unruhigen Schlaf, dass er gefühlt alle paar Minuten stöhnende Geräusche von sich gab, ruckartige Bewegungen machte und mir den Arm ins Gesicht schlug. Ich war völlig entnervt und hätte ihm am liebsten das Kissen ins Gesicht gedrückt. Stattdessen fluchte ich erst noch im Stillen, dann laut und deutlich vor mich hin. Am nächsten Morgen verließ ich entsprechend fluch(t)artig Zimmer und Haus.

Ich kann mich nicht mehr daran erinnern, was sich anschließend genau ereignet hat. Wahrscheinlich aß ich die darauffolgenden Tage viele Pizzen und trank reichlich Wein. Damals habe ich noch regelmäßig getrunken, wenn ich gestresst war, und das war ich, auch unabhängig von ihm, sehr oft. Jedenfalls, was ich noch weiß, ist, dass ich versucht habe, ihm meine Sicht der Dinge zu erklären, und damit auf Granit biss, weil er zu diesem Zeitpunkt offenbar schon ziemlich „gefangen" in seiner psychisch schlechten Verfassung war. Wie er mir später einmal erklärte, konnte er meine Aussagen in dieser Phase zwar nach wie vor aufnehmen, sie jedoch nicht mehr produktiv verarbeiten. Sein Gehirn befand sich im Ausnahmezustand. Er war so damit beschäftigt, seine gegenwärtige Depression zu bewältigen, dass kaum noch Kapazitäten für etwas anderes vorhanden waren, geschweige denn für etwas, das seine Freundin von ihm wollte. Die Drogen trugen ihren Teil dazu bei.

Er kam mir manchmal vor wie ein Handwerker. Einer, der den mit Arbeitsgeräten gefüllten Werkzeugkasten zwar dabeihat, jedoch nicht in der Lage ist, auch nur ein einziges dieser Instrumente zu benutzen.

Als wir uns das nächste Mal trafen, befanden sich meine Energiereserven bereits in einem kritischen Zustand. Ich hatte ihm mitgeteilt, dass ich das Gefühl hätte, die letzten Tage nur „gegeben" und meine Bedürfnisse untergraben zu haben. Ich wies ihn nochmals darauf hin, dass auch ich mich in einer Lebensphase befände, die aus unterschiedlichen Gründen alles andere als einfach für mich sei. Ich hatte vor nicht allzu langer Zeit meine langjährige Beziehung beendet, musste mir zum ersten Mal in meinem Leben eine eigene Wohnung suchen, war im Job unzufrieden und litt selbst immer mal wieder unter depressiven Verstimmungen. Zudem trank ich dazumal wie erwähnt regelmäßig. Keine Flasche Wodka pro Tag, aber genug, um nicht immer das Gefühl zu haben, klar denken, meinem Bauchgefühl vertrauen und danach handeln zu können. Jedenfalls machte ich ihn darauf aufmerksam, dass ich auch wieder einmal „nehmen" können müsse. Was geschah? Eigentlich wollte er mit mir zur „Wiedergutmachung" für die verpatzten Treffen in den Tierpark gehen. Nun ließ aber seine Befindlichkeit, die durch den nächtlichen Überraschungsbesuch einer Spinne (eine ausgeprägte Spinnenphobie hatte er dazumal auch noch) getrübt worden war, eine Fahrt nicht zu. Ich entschied, dass ich keine Lust darauf hatte, mit einem in sich gekehrten Freund Rehe streicheln zu gehen, weshalb wir uns schlussendlich auf der Wiese am See trafen. Dazu durchringen konnte ich mich allerdings erst einige Weinkrämpfe und einen Wutausbruch später. Erneut sollte ich mich kurzerhand auf etwas anderes einstellen und seiner Befindlichkeit anpassen, wenn ich ihn sehen wollte. So hockte ich schließlich in einer Liege auf der Wiese, er neben mir auf dem Boden. Ich verbrachte meine Zeit in der Folge tatsächlich damit, ihm rund zwei Stunden dabei zuzuhören, wie er über das damals etwas komplizierte Verhältnis zu seinen Eltern sprach. Ich war hin- und hergerissen. Einerseits wusste ich es zu schätzen, dass er sich gerade öffnete und mir wertvolle Dinge anvertraute, andererseits mochte ich einfach nicht mehr zuhören. Aus irgendeinem Grund hatte ich jedoch tatsächlich die Nerven, seinen Phrasen zu lauschen und auf seine Probleme einzugehen. Nerven, die ich heute nicht mehr aufbringen könnte und auch nicht mehr aufbringen möchte. Bis heute ist mir schleierhaft, woher ich diese Energie genommen und wie ich stattdessen keinen Schreikrampf erlitten hatte. Ich musste ihn wirklich sehr lieben, oder? Der wahre Grund lag wahrscheinlich etwas tiefer vergraben. Häufig tun wir Dinge nicht aus purer Liebe. Ich musste erst noch lernen, abzuschätzen, wann es sinnvoll war, bei ihm zu bleiben, und wann ich besser einen Abgang machen sollte. Heute erkenne ich oft schon an einem Wimpernschlag, wie es ihm geht und wie sich diese Befindlichkeit auf unser Zusammensein auswirken könnte. Entsprechend reagiere ich auch schneller. Es hatte jedoch seinen Grund, dass ich drangeblieben bin an jenem Nachmittag, an dem mich nicht nur der Wind beinahe aus der Liege gefegt hätte. Meine Befindlichkeit war nie Thema, weder am Anfang noch am Ende unseres Treffens. Auch Körperkontakt konnte er mir nur spärlich geben und das nach nur wenigen Wochen Beziehung, in denen man normalerweise dauernd aneinanderklebt und die Leichtigkeit des Verliebtseins genießt. Am Ende war derjenige Affe in meinem Kopf, der dafür zuständig war, mein Nervenkostüm zu designen, dem Hirntod nahe.

Ich glaube, ungefähr einen Tag später meldete sich Applejack wieder bei mir und schlug von sich aus ein klärendes Gespräch vor, denn etwas geklärt, hatten wir noch immer nicht. Was genau wir überhaupt zu besprechen hatten, daran kann ich mich nur noch vage erinnern, aber wahrscheinlich ging es wie so oft um sein Verhalten und meine unbefriedigten Bedürfnisse, die Balance zwischen Geben und Nehmen und darum, wie man eine halbwegs gesunde Beziehung führt. Zu diesem Zeitpunkt konnten weder er noch ich ahnen, dass er Autismus hat. Dass er immer noch ab und an Medikamente missbrauchte, um einen Flash zu haben und der oftmals wenig berauschenden Realität zu entfliehen, davon wusste ich ebenfalls nichts. Beides hätte so einiges erklärt.

Für das kommende Gespräch vereinbarten wir, dass ich ihn zwischen meinen wenig geliebten Nachtdiensten zu Hause besuchte. Ich war voller Hoffnung, dass sich das Blatt nun zum Guten wenden würde, und wir endlich einen konstruktiven Dialog führen könnten. Falsch gedacht. Noch bevor ich an besagtem Morgen sein WG-Zimmer betrat, hörte ich verdächtige Würgegeräusche, die nichts Gutes verhießen. Er sah nicht gerade frisch aus und begrüßte mich nur halbherzig. Anstatt mich überschwänglich zu umarmen und dadurch schon einen Teil der erlittenen Strapazen wettzumachen, watschelte er in sein Zimmer und holte eine große Tupperware-Dose. Es war ein Behälter, bei dessen Inhalt ich mir gewünscht hätte, es hätte sich lediglich um die Reste einer Bolognese-Sauce gehandelt. Ihr wisst, was ich meine. Bon appétit! Er entleerte die vermeintliche Sauce im Klo und murmelte noch etwas von wegen: „Kann ja nichts dafür.“ Ich konnte auch nichts dafür. Ich konnte nichts dafür, dass mich sein Verhalten wütend machte. Ich konnte nichts dafür, dass ich an meinen nervlichen Grand Canyon stieß, und ich

konnte absolut nichts dafür, dass ich nun in eine Toilette pin-
kelte, die ich zuerst von Erbrochenem säubern musste, weil er
gerade absolut nicht dazu in der Lage war, zu realisieren, wie die
Welt funktionierte. Auch dafür konnte ich wahrlich nichts. Ich
war leicht angewidert und teilte ihm dann mit, dass ich gerade
das Klo von seinen Exkrementen hätte befreien müssen. Darauf
folgte nur ein „Ah ja, danke!" Ich wusste nicht, auf welchem Planeten er sich gerade befand, aber ich hätte ihn am liebsten von
dort heruntergeohrfeigt. Ich atmete stattdessen tief durch und
setzte mich in sein Zimmer an den einzig freien Platz, der dort
noch vorzufinden war. Seine Zimmerordnung war gleich dem
Chaos in seinem Kopf. Er versuchte, zu einem Gespräch anzusetzen, musste jedoch feststellen, dass er dazu nicht fähig war. Es
schien, als könne er keinen klaren Gedanken fassen. Ich fragte
ihn in bissigem Ton, was ich überhaupt hier solle, wenn es ihm
doch offensichtlich so schlecht ging, dass ein Gespräch ohnehin nicht möglich war. Er meinte nur – als wäre dies eine angebrachte Antwort gewesen –, dass er sich das auch frage. Zum
zweiten Mal hätte ich ihn ohrfeigen können. Ich hatte genug gehört. Ich verließ die Wohnung, ohne mich zu verabschieden. Ich
konnte es nicht. Ich konnte nicht einmal sagen, dass es Wut und
Enttäuschung waren, die mich blockierten, sondern viel mehr,
dass ich in diesem Moment einfach zu stolz und mir das Ganze
zu absurd war. So absurd, dass ich mir für einen Moment wirklich überlegte, ob er mich womöglich gerade verarschte oder
provozierte. Ich wollte ihn in meinem Leben haben, aber nicht
so und nicht um jeden Preis. Hätte ich nicht schon damals die
Veränderungen gespürt, die sich leise anbahnten, so wären wir
heute wohl nicht verheiratet.

Ich verließ also abermals die WG, ohne auch nur annähernd
auf meine Kosten gekommen zu sein, und beschloss von da an,
auf mein Bauchgefühl zu hören. Ich wollte ihn erst dann wieder
treffen und mit ihm sprechen, wenn ich spürte, dass ein konst-
ruktives Gespräch, in dem auch meine Befindlichkeit Platz hatte, möglich war. Dies teilte ich ihm später auch so mit. In der
Folge herrschte eine kurze Zeit lang, die mir jedoch ewig vor-

kam, so etwas wie Funkstille. Er ließ mich zwischendurch einmal mehr wissen, dass es ihm leidtue, dass er sich so verhalte und mir momentan nicht mehr geben könne. Ich reagierte nicht darauf, weil ich in diesem Moment nichts mehr zu sagen hatte. Irgendwann schrieb er mir dann, dass er nun endlich wieder besser hätte schlafen können und sich etwas wohler fühle.

Ich fragte mich immer wieder aufs Neue, woher er die Nerven hatte, mir seine Befindlichkeit akribisch mitzuteilen, obwohl es mich nach einer solchen Odyssee herzlich wenig interessierte, wie es ihm gerade ging. Ich wollte, dass es ihn interessierte, wie es mir ging. „Ramona first", dachte ich mir dann jeweils. Dieses Nicht-Erkennen-Können von Grenzen, sowohl der eigenen als auch derjenigen seines Gegenübers führe ich heute auf den Autismus zurück. Es fällt ihm bis jetzt schwer, sich in die Befindlichkeit seiner Mitmenschen hineinzuversetzen und vor allem, empathisch darauf zu reagieren. In diesem Fall – Drogen hin oder her – hatte er offensichtlich nicht erkannt, dass es – wenn ich wütend auf ihn bin, weil ich meine Bedürfnisse völlig zurückstecken muss – nicht angebracht ist, erneut seine eigene Befindlichkeit in den Fokus zu rücken und sei es nur durch eine banale Äußerung. Er ist diesbezüglich nur begrenzt lernfähig, dafür immerhin ehrlich. Wenn ihm jemand etwas von sich erzählt, fällt es ihm leichter, darauf einzugehen, indem er eine ihm passend erscheinende Sequenz aus seinem eigenen Leben erzählt. Es ist seine Form der Empathie. Er hat selbst einmal geäußert, dass er merke, dass er immer wieder in Situationen gerate, in denen er sich auf sozialer Ebene vorkomme wie ein Vollidiot, da er offenbar die einfachsten Dinge nicht begreife.

Nachdem er also wieder genug Schlaf intus hatte und sich in einigermaßen stabiler psychischer Verfassung befand, war es auf einmal wieder möglich, mit ihm adäquate, konstruktive und bereichernde Gespräche zu führen. Da war er wieder, der Mann, den ich in meinem Leben haben wollte. Der Berg hatte wieder einen Gipfel, der Fluss eine Mündung und die Rennstrecke eine Zielgerade. Ich spürte nach und nach kleine Fortschritte, die bis heute andauern. Es war wichtig für mich, diese Veränderungen nicht nur zu spüren, sondern auch zu erleben. Ich habe mir zwar immer geschworen, dass ich auf mich Acht geben und nicht zulassen würde, dass die schweren Phasen mehr Platz in meinem Leben erhalten als die leichten. Dennoch bin ich mir nicht sicher, ob mir, wenn sich nichts verändert hätte, der Absprung gelungen wäre. Ich weiß jetzt, wie schnell man sich in den Fängen einer toxischen Beziehung wiederfinden kann. Auch sehr reflektierte Menschen wie ich sind davon nicht ausgenommen. Wäre beispielsweise mein Selbstwertgefühl nur ein bisschen kleiner gewesen und hätte seinerseits die Diagnose „Narzissmus" nicht nur auf dem Papier ihre Ausführungsform gefunden, so wäre diese Liebesstory zu einer Horrorgeschichte geworden. Es gab und gibt bis heute immer wieder Momente, in denen er aufgrund seiner andersartigen Wahrnehmung, gepaart mit einem gewissen Maß an Überforderung, Behauptungen und Thesen in den Raum stellt, die mich früher für einen kurzen Moment an meiner eigenen Zurechnungsfähigkeit haben zweifeln lassen. Zum Glück war ich in der Lage, Selbstfürsorge walten zu lassen und lernte dabei umso mehr, auf mein Bauchgefühl zu vertrauen. Ich musste ihm anfangs immer wieder erklären, dass ich manchmal einfach gerne erzähle, was mich gerade beschäftigt, ohne von ihm eine Diagnose oder Litanei an Ratschlägen an den Kopf geknallt zu bekommen. Einst meinte er etwas verzweifelt, dass diese Form der Reaktion bei seiner Ex-Partnerin (vermeintlich) auch funktioniert hätte. Ich begriff allmählich, dass er das etwas salopp und nüchtern Vorgetragene jeweils weder böse noch überheblich meinte, sondern es einfach nicht besser wusste. Er rief lediglich bis dahin Erlerntes (ob gut oder schlecht) ab. Er konnte nicht wirklich differenzieren und seine Reaktion an sein Gegenüber oder die aktuelle Situation anpassen. Somit wusste er auch nicht, dass das womit seine Ex hatte umgehen können, mir nicht entsprach. Ebenfalls wurde mir auf mein Nachfragen hin immer bewusster, dass er in vergangenen Beziehungen oft keine derartigen Rückmeldungen erhalten hatte, wie er sie von mir erhielt. Nicht alle hatten sich offenbar die Mühe gemacht oder die Kapazität gehabt, sich selbst zu erklären, bei sich zu bleiben und dennoch den Partner nicht außen vor zu lassen. Ich hatte zu dieser Zeit nicht sonderlich viel, auf das ich stolz gewesen wäre, dies war jedoch etwas, wofür ich mir durchaus auf die Schulter klopfen konnte.

Meiner Meinung nach ist es wichtig, Hoffnung zu haben. Als genauso wichtig empfinde ich es jedoch auch, dass sich die Hoffnung in der Realität bemerkbar macht – und zwar durch konkrete Handlungen. Solche, die bestätigen, dass bestimmte Hoffnungen nicht vergebens sind. Ich hatte somit auch Glück. Ich hatte Glück, dass mein Mann von Anfang an dazu bereit gewesen ist, sich anzuhören, was ich zu sagen hatte, auch wenn es seine Befindlichkeit nicht immer zuließ. Ich hatte Glück, dass er die nötigen Fähigkeiten besaß, sein sinkendes Schiff langsam, aber sicher aus der Gefahrenzone zu manövrieren und ich hatte Glück, weil ich es immer wieder geschafft habe, auf mein eigenes Boot zurückzukehren. Wir konnten es beide verhindern, uns in einem Krieg wiederzufinden, der nicht ohne Schaden auf beiden Seiten geendet hätte. Ich wäre andernfalls ertrunken, bevor ich die Mündung erreicht hätte, wäre gestürzt, ehe ich den Gipfel hätte erklimmen können, und wäre abgedriftet, ohne jemals die Ziellinie überquert zu haben. Ich hätte mich in eine Hoffnung geflüchtet, diese mit Utopie verwechselt und mich selbst verloren. Ich hätte andauernd Bolognese gesehen, wo keine Bolognese war.

Der Gardasee in der Schweiz

Es fiel ihm auf, dass ein- und dasselbe Werbeplakat an zwei Bahnhöfen sich in der Ausrichtungsform unterschieden, aber er wusste nicht, dass sich der Gardasee in Italien und nicht etwa in der Schweiz befindet. Ein Beispiel dafür, dass er mehr auf Details achtete als auf allgemeine – in diesem Fall geographische – Fakten. Manchmal fiel ihm auch nicht auf, dass meine Haare fünf Meter kürzer oder länger waren oder er erkannte nicht, ob ich geschminkt oder ungeschminkt war. Mittlerweile sehe ich durchaus Vorteile darin.

Wir befanden uns im Zug und waren gerade auf dem Weg in ein Zentrum für Autismus-Abklärung. Noch am selben Tag sollte zu einer Liste an zig bereits erhaltenen Diagnosen eine weitere dazustoßen. Der Unterschied lag darin, dass es sich dieses Mal richtig anfühlte. Richtig für ihn und schlussendlich auch richtig für mich. Als er zum ersten Mal die Vermutung äußerte, er könnte das Asperger-Syndrom haben, war ich noch leicht skeptisch. Autistische Menschen stellte ich mir zu diesem Zeitpunkt anders vor und hatte dabei das Bild eines ehemaligen Klienten vor Augen: wortkarg, etwas monoton auf der emotionalen Ebene, ausgestattet mit einer Vorliebe für Rituale und der Abneigung gegenüber Veränderungen. Je mehr Infos ich mir jedoch beschaffte, desto plausibler und naheliegender schien mir die Diagnose letztendlich. Sie lautete dann auch „Hochfunktionaler Autismus". Diese leichte Form des Autismus ist in etwa vergleichbar mit dem Asperger-Syndrom, weshalb mein Mann und ich in der Regel auch diese Bezeichnung verwenden. Da mein Mann eine Faszination für das Weltall hegt, nenne ich ihn – wie bereits erwähnt – ab und an auch liebevoll „meinen Spektronauten".

Ich lernte nun, dass es innerhalb des Autismus-Spektrums große Unterschiede gibt, wie dies eigentlich bei praktisch jeder Diagnose der Fall ist. Ich konnte mir nun bezogen auf ihn auch diverse Situationen besser erklären. Sein spärliches Stellen von Gegenfragen, das leicht mit Desinteresse verwechselt werden konnte, das stark ausgeprägte situative Empfinden mit scheinbar reduziertem Vernetzungsvermögen. Die daraus entstandene und von seinen Mitmenschen empfundene Widersprüchlichkeit, die schnell mit Lügen gleichgesetzt wurde (Warum behauptet er heute etwas, das er gestern noch anders erläutert hat?). Die „professorenhaften" Monologe, denen etwas leicht Narzisstisches anhaftete. Das offensichtliche Nichtverstehen der von seinem Umfeld als logisch empfundenen Regeln und Erklärungen, was ihn provokativ erscheinen ließ (Macht der das absichtlich?). Das Nicht-Erklären-Können von emotional geprägten Handlungen und Äußerungen, seien es seine eigenen oder diejenigen seiner Mitmenschen. Auch bei Letzterem handelt es sich um einen Punkt, der ihn für neurotypische Menschen von unaufrichtig hin bis zu histrionisch erscheinen ließ. Mit der Zeit eröffneten sich mir all diese Aspekte und noch viele mehr. Mir wurde bewusst, dass natürlich nicht jede seiner Verhaltensweisen ausschließlich dem Autismus zuzuschreiben war, so wie ich eine schlechte Laune morgens auch nicht ausschließlich auf den Pöbel schieben kann, der nachts Motor und Scheibenwischer laufen lässt, um seine Autoscheiben zu enteisen. Allerdings deutete so einiges daraufhin, dass sein Anderssein etwas mit dem Autismus zu tun haben könnte. Mir wurde klar, dass ich ihn oft nicht richtig verstanden und sein Verhalten ebenso falsch interpretiert hatte wie dazumal wohl auch einige meiner Teamkolleginnen und Kollegen. Die einen mochten ihn, weil er sehr charismatisch sein konnte, eine Menge Wissen in sich trug und unverfroren mitteilte, wenn er einen mochte, was natürlich schmeichelhaft sein konnte. Andere wiederum hegten wohl nicht zuletzt aufgrund der unter der Rubrik „Autismus" erwähnten Punkte eine Antipathie gegen ihn. Zugegebenermaßen heimste er viel Aufmerksamkeit ein und es verging kaum ein Nachtdienst, in dem er sich nicht meldete, weil ihn irgendein Problem beschäftigte. Er war sehr medikamentenfixiert, was oftmals Hauptgrund für seine Anrufe war, jedoch war wohl lange kaum jemandem die Tragweite seiner Vorliebe bewusst. Applejack war einer, der verzweifelt mit Medikamenten hantierte, die ihm gegen seine Schmerzen helfen sollten. Es waren Schmerzen, die als Folge einer Handverletzung mit anschließenden Lähmungserscheinungen aufgrund einer mangelhaften Umlagerung in Erscheinung getreten waren. Der Einstieg in die Sucht wurde ihm insofern erleichtert, als er über einen zu langen Zeitraum hinweg Zugang zu einem stark dosierten Schmerzmittel hatte. So lautet jedenfalls seine Vermutung. Dieses Wissen ging bei mir einher mit einem gewissen Verständnis für sein Agieren. Dass er ein tief in der Sucht steckender Polytoxikoman war und dass sein Verhalten nicht unwesentlich von seinem Medikamentenmissbrauch beeinflusst wurde, dessen war ich mir zu dieser Zeit keineswegs bewusst. Es ist so, er konnte nicht nur „gut" Ritalin verflüssigen und seinen Körper nach Venen absuchen, er konnte auch gut reden. Er legte sich sowohl gegenüber sich selbst als auch anderen die Dinge so zurecht, dass sie zumindest nicht gänzlich falsch zu sein schienen. Entsprechend nahm er lange Zeit auch Therapien nicht wirklich zum Anlass, konstruktiv in die Tiefe zu gehen und sich seinen Problemen zu stellen. Er gibt selbst zu, dass er – trotz kurzzeitig immer wieder aufflackernder Einsicht aufgrund von Not – seine Therapeutinnen und Therapeuten regelmäßig belogen und ihnen das erzählt hat, von dem er dachte, dass sie es hören wollten. Er war lange Zeit nicht bereit, weder dazu, sich seine Sucht einzugestehen, noch, einen Entzug zu machen. Wie ich bereits geschrieben habe, änderten sich Einstellung und Verhalten erst nach seinem Rauswurf wesentlich.

Dies war der Grund, weshalb es überhaupt erst dazu gekommen ist, dass wir an besagtem Tag im Zug saßen und nochmals in Richtung Rheinfelden fuhren. Ich erinnerte mich daran, wie er beim ersten Besuch des Abklärungszentrums so überfordert mit der Gesamtsituation war, dass er, eines seiner Stoffponys an sich gepresst, auf dem Boden des Zuges hockte und nervös mit dem Oberkörper hin- und herwippte. So ähnlich, wie er dies dazumal im Zimmer, als ich nach ihm schauen musste, auch getan hatte. Es war eine Bewegung, die zu Beginn der Beziehung ab und an seine innere Unruhe zum Ausdruck brachte, was durchaus ein für Autismus spezifisches Zeichen sein kann. Mittlerweile begnügt er sich damit, die hochsensiblen Nerven meines schwindelanfälligen Affen im Kopf nur noch damit zu strapazieren, dass er ständig von einem Bein aufs andere tritt. Dies wiederum ist eher dem ADHS, einer Tic-Störung, innerer Unruhe oder einer Mischung aus allen drei Dingen zuzuordnen. Was kommt woher? Eine Frage, die ich mir lange Zeit immer wieder gestellt habe. Inzwischen sage ich mir vermehrt: „Es ist, wie es ist.“ Denn stets krampfhaft für alles eine Erklärung finden zu wollen, kann langfristig zermürbend sein, vor allem dann, wenn man mit jemandem zusammen ist, bei dem mehr Phänomene auftauchen als in „Akte X“. Mit Begebenheiten umzugehen, ohne sie klar identifizieren zu können, auch dies wurde zu einem Lernfeld für mich.

Ich ziehe nicht so gerne die Aufmerksamkeit auf mich, doch genau dies tat ich auf indirekte Weise, wenn ich mit ihm unterwegs war und er sich so auffällig verhielt, wie er es bei jener Zugreise getan hatte. Die Leute wirkten teilweise irritiert, weil sich ihnen unbekanntes Verhalten zeigte. Völlig aus den Socken zu hauen schien es sie jedoch, wenn ich nicht nur neben ihm saß und beruhigend auf ihn einredete, sondern wir uns zwischendurch auch mal küssten. Ich glaube, dies waren die Momente, in denen sie mit der nackten Wahrheit konfrontiert wurden und ihre zurechtgelegte These beiseiteschieben mussten, dass es sich bei mir ja allenfalls um eine Betreuungsperson oder Schwester handeln könnte. Ich möchte nicht sagen, dass mir solche Situationen peinlich gewesen sind, sie waren mir lediglich etwas unangenehm. Tendenziell bleibe ich lieber unscheinbar, auch wenn der Glitzer in meinen Haaren dem ab und an widersprechen mag.

Während der anschließenden Autismus-Abklärung hatte er der anwesenden Ärztin auf deren Nachfrage hin erzählt, dass ich, die Person die im Wartezimmer saß, seine Freundin sei. Diese Ärztin hätte dann – gemäß seinen Aussagen – nachgehakt und wissen wollen, ob ich denn das auch so sehen würde. Bitte was? Als er mir davon erzählt hat, reagierte ich belustigt bis leicht irritiert. Mittlerweile ist mir klar, dass die Ärztin wohl deshalb nachgefragt hat, weil sich die Wahrnehmung von Menschen mit Autismus oft doch deutlich von der Wahrnehmung neurotypischer Menschen unterscheidet. So kann es offenbar auch passieren, dass die Vorstellung einer Beziehung auf der amourösen Ebene einseitig ist oder man – im Gegenteil – nicht realisiert, dass das Gegenüber mehr von einem möchte als „nur" Freundschaft. Zu jener Zeit dachte ich erst, sie sei skeptisch gewesen, weil es den Leuten grundsätzlich eher etwas schwerfällt, zu verstehen, weshalb eine vermeintlich geistig gesunde Frau (die Affen in meinem Kopf lassen herzlich grüßen) mit einem offiziell entwicklungsgestörten Mann eine ernsthafte Liebesbeziehung führt. Ich habe mich oft selbst gefragt, ob ich deswegen einen Knacks habe. Ich bin jedoch zum Entschluss gekommen: Und wenn schon, dann habe ich eben einen Knacks, aber erstens beherbergte ich schon vor unserer Begegnung eine zoologische Abteilung in meinem Oberstübchen und zweitens hat mich dieser Knacks offensichtlich zu einem großartigen Mann geführt. Einer, der nicht mit den Augen rollt, wenn ich eine geplante Unternehmung kurzfristig absage, weil ich reizüberflutet bin, sondern einer, der versteht, lächelnd nickt, mit mir stattdessen eine ruhige Stelle am See aufsucht und demjenigen Affen in meinem Kopf, der keine Menschen mag, etwas grobmotorisch, aber lieb gemeint den Rücken tätschelt. Jedoch auch einer, der mich herausfordert, mich dazu bringt, alles aus meinem Selbstreflexionsvermögen herauszuholen und zu erkennen, wie wichtig es ist, sich in erster Linie auf sich selbst zu verlassen. Ich glaube, ich habe keinen Knacks. Ich glaube eher, ich hätte einen, wenn ich ihn nicht lieben und nicht eine Beziehung mit ihm führen würde.

Obwohl er sich zu diesem Zeitpunkt noch jenseits von Abstinenz und Selbständigkeit befand, war die Diagnose „Hochfunktionaler Autismus" eine Erleichterung für ihn und half ihm dabei, seine Weichen neu zu stellen. Nicht nur ich, sondern auch er selbst konnten nun vieles besser einordnen. Der Befund schien wie ein Wegweiser zu fungieren. Wenn man nun seine Sucht und gleichzeitig den Autismus betrachtet, so stellt sich einem doch immer mal wieder die Frage, was inwiefern Einfluss auf sein bisheriges Leben genommen hat. Mein Mann und ich konnten uns auf die These einigen, dass das Nichterkennen des Autismus in seiner Kindheit sicherlich entsprechende und auf ihn angepasste Handlungsschritte verhindert hat. Er konnte keine spezifischen Therapien machen und keine sinnvollen Lernschritte vollziehen, die ihm womöglich dabei geholfen hätten, eine gesunde Resilienz zu entwickeln, um herausfordernde Situationen adäquater meistern zu können. Oftmals hat es natürlich aber nicht ausschließlich mit Diagnosen und Therapien zu tun, ob sich ein Kind „gesund" weiterentwickeln kann. Eine mindestens genauso große Rolle spielt dabei, wie der Sprössling von seinem Umfeld wahrgenommen wird und was aus dem Wahrgenommenen gemacht wird. Heute sind wir diesbezüglich tendenziell offener und wissender. Früher jedoch und je nachdem, wie unsere Eltern selbst aufgewachsen sind, was für eine Einstellung die Lehrpersonen hatten, denen wir begegneten und wie unsere Mitschüler/innen auf uns reagiert haben, waren Individualität und „Andersartigkeit" noch nicht so „en vogue". Ich benutze bewusst diese Bezeichnung, weil es immer wieder Menschen gibt, die das Gefühl haben, verschiedenste Diagnosen würden nur deshalb gestellt, weil es eben gerade „en vogue" sei. Dabei vergessen sie, dass selbst wenn Diagnosen fälschlicherweise gestellt werden, es immerhin dazu beiträgt, dass Themen Gehör verschafft wird, die ansonsten weiterhin ihr Dasein am Rande der Gesellschaft fristen würden. Natürlich ist es grundsätzlich jedoch wichtig, dass Diagnosen weder verfälscht noch falsch gestellt werden. Wie ich in einem anderen Kapitel erwähne: Findet keine Identifikation mit der Diagnose statt, dann ist das ungefähr so hilfreich, wie wenn eine Katze fälschlicherweise als Hase identifiziert werden würde und anschließend nur noch Löwenzahn verfüttert bekäme. Weder würde sie sich dabei wohlfühlen noch könnte sie sich gesund (weiter-)entwickeln. Dabei nützt es wenig, ob es gerade „en vogue" ist, ein Hase zu sein. Früher – und wie es heute in eher konservativ geprägten Familien auch noch der Fall ist –, waren unreflektierte Sprüche wie „Das macht man nicht!" oder „Das gehört sich so!" an der Tagesordnung. Unpassendes wurde passend gemacht. Aufzufallen war verpönter als heute außer, man war Teil einer Freakshow. Man wusste es eben nicht besser. In Bezug auf meine eigene Familie weiß ich heute, dass meine Eltern nur ihr Bestes für meine Schwestern und mich wollten, indem sie uns ihre eigenen Moral- und Wertvorstellungen mitgaben, damit wir im Stande sein würden, uns möglichst problemlos in die Gesellschaft einzufügen. Mittlerweile weiß ich jedoch auch, dass das Problematische daran war, dass es sich dabei um stark von der Normgesellschaft geprägten Vorstellungen handelte und „ihr" Bestes nicht unbedingt das von meinen Geschwistern und mir war. Überforderung kann einem leider dazu veranlassen Dinge zu tun oder zu unterlassen, die weder für einen selbst noch für den Nachwuchs langfristig von Vorteil sind. Dahinter stecken, in der Regel, keineswegs böse Absichten. Anderssein war lange Zeit nicht in Mode, es war komisch und schickte sich nicht. Heutzutage mag dies teilweise noch immer nicht viel anders sein, aber zumindest ist die Forschung um einiges weiter und die Therapieangebote sind um einiges zahlreicher. Es gibt mehr Berichte, Anlaufstellen und Weggefährten. Sich in Selbstfürsorge zu üben und in die Psychotherapie zu gehen, ist weniger ein Grund für Versagen, sondern fast schon Trend. Aufgrund des heutigen Wissensstandes ist eine Diagnose mittlerweile auch kein Ausschlusskriterium mehr für eine andere. Es wird tendenziell mehr darauf geachtet, Auffälligkeiten in ihrer Komplexität zu erfassen.

Um ein paar Erkenntnisse reicher verließen wir das Abklärungszentrum. Nun hatte ich also einen Mann an meiner Seite, der schon mal narzisstisch, histrionisch, komisch, widersprüchlich, provokant, emotional instabil, hyperaktiv, überdurchschnittlich intelligent und schlafraubend war. Einen Mann, der jetzt auch noch autistisch im hochfunktionalen Sinn war. Für ihn bedeutete es mehr, als nur einen Namen dafür gefunden zu haben, was manche als „en vogue" bezeichnen würden. Seit jenem Tag wusste er zwar, dass sich der Gardasee in Italien befindet, hatte aber noch so manche Quell- und Mündungsgebiete zu erforschen, viele Staumauern zu überwinden und einige Überschwemmungen zu trocknen. Wacker schritt er jedoch voran, damit die erhaltene Diagnose nicht wie ihre Vorgängerinnen bloß als ein weiteres Wort auf einem Blatt Papier stehen blieb.

Diagnosedschungel

Ich habe mich nie wirklich daran gewöhnt, dass bei ihm anfangs immer was los war, sei es auf physischer oder psychischer Ebene. Heute ist dies zwar immer noch der Fall, aber die verschiedenen Symptome zeigen sich erstens weniger häufig und zweitens auf deutlich dezentere Art und Weise. Heute haben sie keinen so großen Einfluss mehr, sowohl auf seinen Alltag als auch unsere Beziehung.

Mit etwa achtzehn Jahren hat Applejack sich zum ersten Mal mit Medikamenten an sich selbst vergriffen. Er war neugierig, nachdem ihm ein Bekannter davon vorgeschwärmt hatte, welche powervolle Wirkung es hätte, wenn man Ritalin verflüssige und sich injiziere. Richtig tief in die Sucht ist er allerdings erst gerutscht, als ihn infolge des erwähnten Unfalles lähmende Schmerzen im rechten Arm geplagt haben. Daran war er nicht allein schuld. Er erhielt über einen zu langen Zeitraum zu starke Schmerzmittel, zum Beispiel das Opioid Oxycodon. Applejack hat immer wieder neue Gründe dafür gefunden, weshalb er die Mittelchen noch benötigt. Er begann schließlich damit, sich gewissermaßen selbst zu medikamentieren. In anderen Worten: Er hat Medikamentenmissbrauch betrieben. Über längere Zeit hat sich Applejack ärztliche Verordnungen für Medikamente erschlichen. Die erhaltenen Substanzen hat er schließlich verflüssigt und sich injiziert. In Hochphasen waren es um die zehn Spritzen pro Tag. Er hing also stärker an der Nadel als so manche Kinder vom Bahnhof Zoo.

Ein Grund dafür, dass er über zehn Jahre gebraucht hat, seine Polytoxikomanie als schädliches und hochgradig gefährliches Suchtverhalten zu begreifen, war die Tatsache, dass er sich seine Situation stets so zurechtgelegt hat, wie es für ihn gerade passend schien. Schließlich war es ja kein Heroin, Crystal Meth oder Koks, das er konsumierte, sondern es handelte sich lediglich um ihm bekannte und (meist) offiziell verordnete

Medikamente, bei denen er „nur" Konsistenz und Einnahmeart etwas anpasste. Erst, als ihn diese vermeintliche Optimierung fast ins Jenseits beförderte und er zweimal reanimiert werden musste, dämmerte ihm langsam, dass seine Art der Selbstmedikation wohl doch nicht so sinnvoll und unbedenklich war, wie er angenommen hatte. Ich zitiere an dieser Stelle gerne Tom Harrendorf, der selbst Asperger-Autist ist und in seinen YouTube-Videos unter anderem regelmäßig über das Thema „Autismus" aufklärt. In einem der Videos bezieht er sich auf verschiedene Studien, die mitunter zum Ergebnis gekommen sind, dass gerade hochfunktionale Autisten deutlich stärker gefährdet sind, eine Suchterkrankung zu entwickeln, als ihre „gesunden" Mitmenschen. Dies vor allem dann, wenn zusätzlich auch noch eine ADHS-Störung vorliegt. Zudem wurde in diesem Zusammenhang auch das Thema „Spezialinteresse" erläutert, welches sich oft als ein typisches Merkmal in Zusammenhang mit Autismus zeigt, und erwähnt, dass sich ein solches Spezialinteresse leider auch bezogen auf Substanzen äußern könne. Nachdem ich mir das Video angeschaut hatte, bin ich zu meinem Mann gegangen und habe ihm gesagt: „Schatz, die sprechen da von dir!" Jedenfalls, auch der Rauswurf aus dem betreuten Wohnhaus hielt ihn vorerst noch nicht davon ab, seinen Körper weiterhin nach injektionsgeeigneten Venen abzusuchen. Ich finde es erstaunlich, dass ich – zumindest während unserer Liebesbeziehung – davon zum einen nichts mitbekam und zum anderen keine seiner Verhaltensweisen als Folge des Konsums entlarven konnte. Ich dachte wirklich lange Zeit, er sei – salopp gesagt – einfach ein hoffnungsloser Borderliner, der etwas nachrenne, das er weder benennen noch finden könne. Und natürlich tat er das irgendwie auch, da er weit davon entfernt war, sich zu spüren und zu wissen, wer er eigentlich ist, aber das entsprach eben einmal mehr nur der halben Wahrheit.

Irgendwann kam schließlich jedoch der Tag, an dem tragischer- und glücklicherweise zugleich keine Vene auf seinem malträtierten Körper mehr zu finden war. Dies frustrierte ihn so sehr, dass er beschloss, seiner Sucht nun endgültig den Kampf anzusagen. Erst dann folgten ernsthafte Entzüge in einer Klinik und allmählich viele kleine weitere Schritte, die sich mittlerweile zu einer großen Spur transformiert haben. Erst dann konnte auch der Autismus unter dem Deckmantel der Sucht hervortreten.

Die eingangs beschriebene Schmerzsymptomatik war eines der ersten Dinge, die mir begegnete, als ich ihn dazumal im Wohnhaus kennengelernt habe. Es war ein Symptom von gefühlt tausenden. Diese permanent auftretenden kleineren und größeren Blessuren zeigten sich bei ihm als Inbegriff seiner Instabilität. Ich wusste im Vorhinein selten, auf was ich mich einstellen musste. Ich wusste nur, dass ich mich auf etwas einzustellen hatte, denn irgendwas war immer. Mein Vater – ein ehemaliger Landwirt – hätte charmant zu pflegen gesagt: „Eine Kuh würde man abtun!", womit er zu Lebzeiten gemeint hätte, dass ein Tier mit derart vielen Wehwehchen nicht rentabel sei.

Mein Mann wäre als Kuh tatsächlich nicht sehr rentabel gewesen, denn : Wenn ihm der Fuß nicht schmerzte, so schmerzte ihn das Handgelenk. Wenn ihn das Handgelenk nicht schmerzte, hatte er einen Kreislaufkollaps. Wenn er keinen Kreislaufkollaps hatte, hatte er einen epileptischen Anfall. Wenn er keinen epileptischen Anfall hatte, litt er unter Übelkeit. Wenn ihm nicht übel war, dann hatte er Kopfschmerzen. Wenn er keine Kopfschmerzen hatte, tat ihm der Rücken weh. Wenn ihm der Rücken nicht weh tat, war er depressiv. Wenn er nicht depressiv war, war er überdreht. Wenn er nicht überdreht war, hatte er Juckreiz am ganzen Körper. Wenn es nichts zu kratzen gab, sah er doppelt. Wenn er an mir nicht vier anstelle von zwei Brüsten sah, war er dafür psychotisch. Wenn er nicht psychotisch war, befand er sich in seiner autistischen Welt. Wenn er sich nicht abkapselte, hatte er Angst, wenn nicht vor Bienen, dann vor Spinnen. Wenn er keine Angst hatte, tat ihm ein Backenzahn weh, und wenn es nicht der Backenzahn war, dann garantiert der Schneidezahn. Ich könnte ewig so weitermachen, denn so lief es lange Zeit tagein, tagaus, sowohl im Wohnhaus als auch die ersten Monate nach seinem Austritt. Selbst wenn alles stimmig schien, so stimmte über kurz oder lang gesehen eben trotzdem immer etwas nicht. Ich wage an dieser Stelle zu behaupten: Wenn es nicht die Sucht war, dann war es die Sucht. Nicht immer, aber immer öfters. Die Schwierigkeit für mich bestand darin, eine gesunde Balance zwischen Fürsorge und Abgrenzung zu finden. Ich wollte einerseits eine gewisse Empathie walten lassen. Andererseits bin ich der Meinung, dass Menschen häufig zwar keinen Einfluss auf ihre Symptome, jedoch durchaus auf ihren Umgang damit nehmen können. Achtsamkeit war und ist beispielsweise ein Thema. Öffnet er eine Getränkedose, so landet der Inhalt innerhalb von Sekundenbruchteilen in seinem Magen. Jammert er anschließend über Unwohlsein, hält sich mein Verständnis dafür natürlich in Grenzen. Es war mir nahezu unmöglich, mich in dieser unruhigen Phase unserer Beziehung überhaupt fallen zu lassen, weil ich ständig befürchten musste, dass sich plötzlich irgendetwas in seiner Welt verändern könnte und dies entsprechend Einfluss auf unser Zusammensein hatte. Ich ging davon aus, dass es mit ihm wohl nie möglich sein würde, etwas nicht nur zu planen, sondern auch planmäßig umzusetzen. Nie hätte ich mir erträumt, dass wir einmal gemeinsam Urlaub im Ausland machen würden. Mein Vorteil war, dass ich mich von Anfang an auf „Worst-Case-Szenarien" eingestellt hatte und daher oftmals sogar positiv überrascht wurde, was zum Beispiel seine Zuverlässigkeit anbelangte. Dennoch waren diese permanenten Veränderungen eine Herausforderung für sich. Ich versuchte nicht etwa, die Orientierung nicht zu verlieren, sondern war damit beschäftigt, überhaupt eine zu finden. Auf viele Fragen konnte er mir keine Antwort geben und es blieb oftmals unklar, wo bestimmte Symptome – die manchmal aus dem Nichts aufzutauchen schienen – herrührten (und wieder: Wenn es nicht die Sucht war, war es wahrscheinlich die Sucht). Er selbst hatte die Orientierung schon lange verloren. Er hatte in seiner Laufbahn als Mensch bereits zig verschiedene Diagnosen erhalten, sich jedoch in keiner zu Hause gefühlt. Nachdem bei ihm als Kind ADHS diagnostiziert worden war, kamen im jungen Erwachsenenalter dann diverse Persönlichkeitsstörungen hinzu. Diagnostiziert wurden eine histrionische, eine narzisstische und eine emotional-instabile Persönlichkeitsstörung, in seinem Fall die Borderline-Störung. Die Diagnose der schizoiden Persönlichkeitsstörung wurde nur deshalb nicht gestellt, weil Fachpersonen erstens der Meinung gewesen sind, dies würde nicht mit seiner frühkindlichen Auffälligkeit zusammenpassen, und zweitens, weil er schlicht und einfach schon genug Diagnosen in petto hatte. Die narzisstische Persönlichkeitsstörung wurde ihm nach langem Drängeln seinerseits diagnostiziert. Da ihm sowieso ständig vermittelt wurde, dass er selbstbezogen und stellenweise überheblich sei, schien ihm dies naheliegend. Wenn schon, denn schon.

All die Befunde, die mein Mann einst erhalten hat, erscheinen mir heute eher wie Symptome, die aus einem verbuddelten Paket von anderen Ursachen gewachsen sind. Nur wurde dieses verbuddelte Paket dazumal nicht ausgebuddelt. Ursprünglich wurde wie erwähnt ADHS diagnostiziert, was sicherlich nicht gänzlich falsch gewesen ist, da gewisse Aspekte davon auch heute situativ sichtbar sind. ADHS hätte idealerweise aber nie so allein auf weiter Flur dastehen sollen. Da der Autismus dazumal automatisch ausgeschlossen wurde, besteht für mich ein Teil des verbuddelten Paketes also klar daraus. Applejack hat lange Zeit keine Erklärung für Verhaltensweisen erhalten, welche sich offensichtlich von denjenigen seiner Mitmenschen unterschieden und nicht dem ADHS zugeschrieben werden konnten. Somit hat er auch nicht lernen können, auf seine Weise, aber trotzdem adäquat und sinnvoll mit den Herausforderungen der Gesellschaft umzugehen. Hierbei handelt es sich um keine Schuldzuweisung, sondern logische Zusammenhänge.

Die Sucht war ein weiterer Teil des verbuddelten Paketes und natürlich hat auch diese wiederum ihre eigenen verbuddelten Pakete an Ursachen. Seit Applejack clean ist, zumindest was den Medikamentenmissbrauch anbelangt, ist seine Resilienz deutlich stärker geworden. Das heißt, er hat einen adäquateren Umgang mit herausfordernden Lebenssituationen gefunden und das trotz des hochfunktionalen Autismus. Langanhaltende Krisen mit Dekompensation sowie starke Stimmungsschwankungen bleiben aus. So sind es vor allem die Sucht und der Autismus, durch deren Brille manches sowohl im Nachhinein wie auch im Hier und Jetzt klarer erscheint. Er war nicht histrionisch, sondern angefixt. Er war nicht narzisstisch, sondern autistisch. Er hatte kein Borderline, sondern war einfach „offline". Ich wage zu behaupten, dass hinter all den einst gestellten Diagnosen (abgesehen von ADHS) zeitgleich seine Suchterkrankung sowie die Autismus-Spektrum-Störung steckten. Lange Zeit ist er hauptsächlich zur Krisenintervention in Kliniken gegangen. Erlernte Skills wie diejenigen aus der DBT-Therapie (Dialektisch-Behaviorale Therapie) halfen ihm langfristig betrachtet nicht weiter. Er selbst musste aktiv werden, indem er sich unter anderem eingestand, dass er ein Suchtproblem hat. Fehlen Einsicht und Bereitschaft, so sind dies erfahrungsgemäß keine guten Voraussetzungen, um aktiv und erfolgversprechend an etwas arbeiten zu können. Applejack brauchte Zeit, um zur Erkenntnis zu gelangen, dass es da auch noch andere Dinge für ihn gab, die sein Leben lebenswert machten. Eines dieser Dinge war sicherlich ich, auch wenn ich nicht müde wurde, zu betonen, dass er nicht um meinetwillen, sondern um seinetwillen clean werden und es vor allem bleiben sollte. Ich erklärte ihm, dass es wenig sinnvoll sei, seine Motivation ausschließlich von einer Person abhängig zu machen. Man kann sich denken, was passieren würde, wenn diese Person etwa einmal nicht mehr da sein sollte. „Sich selbst" ist das Einzige, das man stets bei sich hat. Applejack hatte aber gerade erst ein Stück seiner alten Identität hinter sich gelassen und wusste noch nicht, an was er sich halten sollte. Es fehlten ihm nicht nur Träume und Visionen, sondern auch die Fähigkeit, sich mit etwas anderem als dem Beschaffen von Medikamenten zu befassen. Seine Begeisterung für alternative Lebensinhalte musste er erst wieder finden. Ich war entsprechend eine Zeit lang tatsächlich mehr oder weniger das Einzige, das ihm Halt und Zuversicht gab, auch wenn ich diese Rolle weder haben wollte noch aktiv auslebte. Ich grenzte mich immer wieder ab und überließ ihn seiner Eigenverantwortung. Ich wusste, dass ich weder ausnahmslos für ihn da sein wollte noch musste und dies auch nicht sinnvoll gewesen wäre. Eine Autismus-Abklärung machen zu lassen, dafür entschied er sich ebenfalls erst nach seinem Aufenthalt in der betreuten Wohnform. Die Entscheidung folgte recht unmittelbar nach dem Gespräch mit einer alten Bekannten, die das Asperger-Syndrom hat. Im Dialog mit ihr konnte er feststellen, dass es da einige Parallelen zu ihm selbst gab, woraufhin er begann, sich vertiefter mit der Thematik auseinanderzusetzen. Ich weiß noch, wie ich – als er mir davon erzählte – innerlich mit den Augen gerollt und mir gedacht habe: „Nicht schon wieder etwas Neues." Nun spürte und erlebte ich jedoch zum ersten Mal, wie er in einer Diagnose nach und nach ein Zuhause zu finden schien. Vieles ergab plötzlich Sinn. In diesem ganzen Diagnosedschungel konnte ich endlich eine Liane erfassen, die mich zur richtigen Palme schwingen ließ. Eine, die mir Orientierung und Übersicht versprach. Ich kaufte mir einige Bücher und sah mir Videos zum Thema „Autismus" an. Dies half mir dabei, sein Verhalten künftig besser einzuordnen und mehr Verständnis für ihn aufzubringen, wenn er sich mal wieder „komisch" verhielt. Und spätestens, nachdem er die offizielle Diagnose „Hochfunktionaler Autismus" erhalten hatte, war er sozusagen endlich im Besitz eines Befundes, mit dem er arbeiten konnte – und vor allem auch arbeiten wollte.

Etwas vom Auffälligsten, das vor ein paar Jahren aufgetaucht und bis heute geblieben ist, betrifft seine andauernde motorische Unruhe. Es gibt nur wenige Momente, beispielsweise wenn er schläft, in denen kein Härchen an seinem Körper bebt. Ansonsten herrscht stetiger Seegang. Er gleicht einem lebendig gewordenen Wackeldackel, mit dem Unterschied, dass er sich auch dann bewegt, wenn um ihn nichts in Bewegung ist. Der Ursprung dieser Unruhe ist wie so vieles unklar. Da sie sich meistens verstärkt, sobald er emotional erregt ist, würde ich sie zumindest auf ein gewisses Grad an innerer Unruhe zurückführen. Er wiederum könnte sich auch vorstellen, dass es sich dabei um neurologische Schäden als Folge seines Suchtverhaltens handelt. Ich gehe unterschiedlich damit um. Manchmal fällt es mir nicht auf, wie er ständig von einem Bein aufs andere tritt. Manchmal wiederum wird es dem schwindelanfälligen Affen in meinem Denkapparat jedoch zu viel, wenn der Kopf meines Mannes zum Beispiel stetig hin- und herwackelt, während er vis à vis von mir vor dem Laptop sitzt. In solchen Momenten ertappe ich mich wieder dabei, wie ich mir die große Frage nach dem „Warum?" oder „Wie macht man das weg?" stelle. Ich sehe mich zurückversetzt in unsere Anfangszeit, in welcher ich mir diese Frage tagtäglich gestellt habe. Bevor ich mich jedoch abermals im alten Diagnosedschungel verliere, schnappt sich der nervlich angeschlagene Affe mittlerweile jeweils selbst eine Liane und schwingt sich an einen Ort, an dem das Einzige, das wackelt, meine Finger sind, die dieses Kapitel in die Tasten gehauen haben.

Ein Applejack fällt weit vom Stamm

Menschen im Spektrum sagt man gerne nach, dass sie alles wortwörtlich verstehen. Das heißt, sie achten auf das gesprochene Wort, während es ihnen hingegen schwerfällt, zwischen den Zeilen zu lesen. Mein Mann bildet da keine Ausnahme. Auch ihm fällt es nicht immer leicht, zu verstehen, dass ein- und dasselbe Wort je nach Tonfall und Zusammenhang, in welchem es ausgesprochen wird, verschiedene Bedeutungen haben kann. Es gilt grundsätzlich, was gesagt wird, und nicht, wie es gesagt wird. Nonverbale Botschaften werden nicht erkannt, weshalb sogar ein Augenzwinkern, während jemand spricht, nicht als Indiz für eine ironische Aussage erfasst werden kann. Ich kann mich daran erinnern, dass er auf ein „Ok" von mir als Antwort anfänglich häufig mit einem leichten Hauch von Empörung reagiert und erwidert hat: „Ich finde nicht, dass das, was ich gerade erzählt habe, ok ist!" Ich musste ihm erst erklären, dass ich mit diesem Wort nicht den Inhalt seiner Aussage bewerte, sondern ihm damit lediglich zu verstehen geben möchte, dass ich, was er sagt, zur Kenntnis nehme. Ein weiteres Beispiel ist seine Art und Weise, auf eine Bitte von mir zu antworten. Bitte ich jemanden um Unterstützung, so bin ich grundsätzlich klar identifizierbare Antworten wie eine Bejahung oder eine Verneinung gewöhnt. Applejack erwidert in 99,9 Prozent der Fälle: „Ich denke schon." Lange Zeit habe ich mich davon irritieren lassen, weil sich für mich in dieser Formulierung ein gewisses Maß an Unklarheit verbirgt. Zumindest wenn ich mich auf diese Weise ausdrücke, geht zwar die Tendenz in Richtung Bejahung, aber so ganz sicher bin ich mir zu diesem Zeitpunkt eben noch nicht. Er hingegen hat mir versichert, dass er damit jeweils meint „Ja, das kann ich machen". Natürlich könnte man sich nun fragen, weshalb um des Einhorns Willen er die Frage dann nicht auch genauso beantwortet. Mir würde in solchen Momenten ja schon ein seichtes „Jep!" genügen. Seine Erklärung beruht einmal mehr auf seiner etwas andersartigen Denkweise. Bei ihm setzt eine Aktion häufig einen komplexen Denkprozess voraus, was zunächst einmal nicht besonders unüblich scheint. Man könnte es so beschreiben: Er stellt sich – wie so manch andere Person auch – vor, wie er in einer Stunde das Haus verlässt, den Gehsteig entlangläuft, den Dönerverkäufer grüßt, die Straße überquert, den Lebensmittelladen betritt, eine Ananas in den Einkaufskorb legt, diese bezahlt, den Laden verlässt und wieder nach Hause trabt. So weit, so gut, aber was dabei blöderweise passieren kann, ist, dass er vor lauter Denken vergisst, der Imagination eine körperliche Handlung folgen zu lassen. Somit wird die Ananas unter Umständen nie den Weg zu uns nach Hause finden. „Denken" ist für ihn oft gleichbedeutend mit „Machen". Wenn er also beispielsweise von außen betrachtet faul auf der Couch rumlungert, so hat dies aus seiner Warte nichts mit Passivität zu tun, da er ja rege am Denken ist. Daher wohnt seiner Standardantwort „Ich denke schon" tatsächlich meistens ein „Ja, das mache ich" inne, weil das, worüber er nachdenkt, als erledigt gilt. Da er allerdings wie erwähnt ab und zu vergisst, seine Theorien in die Praxis umzusetzen, dürfte meine jeweilige Verunsicherung dennoch nachvollziehbar sein. Vor allem, da er seiner damaligen Erklärung etwas spitzbübisch hinzugefügt hatte, dass er „Ich denke schon" zwar tatsächlich mit der Intention sage, etwas folglich auch in die Tat umzusetzen, sich aber im Falle des Vergessens notfalls trotzdem auf die exakte Bedeutung des Satzes beziehen könnte, wenn er denn wollte. Das heißt: Dann wiederum würde der Lümmel nämlich doch ganz gerne vom genauen Wortlaut Gebrauch machen und seinem Gegenüber wohl erklären: „Ich habe nie ja gesagt, sondern lediglich, dass ich denke, dass ich es mache!" Eine äußerst komplexe Sache, welche die Gefahr birgt, dass einem das Gehirn explodiert, wenn man zu doll versucht, es zu verstehen. Widersprüchlich in unserer Welt bedeutet allerdings meist nicht widersprüchlich in seiner Welt.

Wortwörtlich geht es weiter im Text. So gibt es da noch gewisse Tage, an denen er mich aus heiterem Himmel um Erlaubnis bittet, sich etwas kochen zu dürfen. Weil ich die Frage gleichzeitig als absurd und amüsant empfinde, erlaube ich es mir hie und da, eine Todsünde zu begehen und Ironie walten zu lassen. So erwidere ich beispielsweise: „Neiiiiiin, sicher nicht!" Ich sehe nicht ganz ein, weshalb er mich als erwachsener Mann fragen muss, ob er ein Grundbedürfnis stillen darf. Als Spektronaut erkennt er natürlich keinerlei Ironie, weder in meinen Augen noch in meiner Stimme. Entsprechend nimmt er meine Antwort jedes und wirklich jedes Mal ernst. Er akzeptiert mein „Verbot" ohne Widerworte, bis ich die Situation jeweils auflöse und ihm erklären muss, dass es sein gutes Recht sei, etwas zu essen, wenn er Hunger verspüre. Es sind leicht skurrile Momente, in denen ich mich manchmal frage, als was er mich sieht, seine sich auf Augenhöhe (nicht körperlich versteht sich) befindende Partnerin oder eine Sklaventreiberin, der er zuerst die Füße küssen muss, ehe es ihm erlaubt ist, sich Mittagessen zu kochen?

Das nächste Beispiel greift etwas weiter in die Vergangenheit zurück, hat jedoch Auswirkungen bis heute. Einerseits hat sich die Tatsache, dass ihm als sogenannt auffälliges Kind bei Konflikten früher meist die Schuld zugewiesen wurde, tief in sein Selbstwertgefühl eingebrannt. Es ist für ihn nicht selbstverständlich, Partei für sich zu ergreifen, weil er es nie auf adäquate Art und Weise gelernt hat. Andererseits wurde ihm allerdings auch im Rahmen von mindestens einer Therapie erklärt, dass es bei Konflikten häufig zwei Schuldige gibt. Daraus hat er ebenfalls für sich mitgenommen, dass – egal, um welche Art von Konfrontation es sich handelt – er nie allein schuld ist und ihn sein Gegenüber entsprechend genauso um Verzeihung bitten sollte. Überspitzt formuliert könnte man sagen: Wenn er mir also aus Versehen eine Bratpfanne gegen den Kopf haut, müsste ich mich in seinen Augen wahrscheinlich dafür entschuldigen, dass ich in der falschen Höhe stehe, und würde er mir eine Ohrfeige verpassen, dann sollte ich wohl um Verzeihung bitten, weil mein Kopf so gut in seine Hand passt. Es werden weder Backpfeifen verteilt noch wirft er mit Bratpfannen um sich, aber es hat tatsächlich schon Situationen gegeben, die für Zündstoff zwischen uns gesorgt haben, weil ihn kritische Rückmeldungen oftmals hinsichtlich seiner Erlebnisse aus der Kindheit triggern. Die Mischung aus „Ich bin immer schuld!" und „Die andere Person ist immer mitschuldig!" hat den perfekten Farbton sozusagen noch nicht gefunden. Apropos Ton, wir hatten auch einmal eine Diskussion über das Sprichwort „Der Ton macht die Musik!". Ich wollte ihm in diesem Zusammenhang aufzeigen, dass sich der Tonfall beim Sprechen darauf auswirken kann, wie etwas beim Gegenüber ankommt. Um ihm diese Tatsache näher zu erklären, sprach ich den gleichen Satz einmal mit netter und dann mit wütender Stimme. Anschließend forderte ich ihn dazu auf, mir mitzuteilen, was für einen Unterschied er wahrgenommen hätte, weil ich dachte, dies sei offensichtlich. Ich erinnere mich, wie er daraufhin zuerst nachgedacht und dann etwas verzweifelt gemeint hat, er habe nicht wirklich einen Unterschied bemerkt. Was hatte er während des Zuhörens getan? Er hatte schlicht und einfach die Wörter gezählt und dabei krampfhaft versucht, ausfindig zu machen, ob sich diesbezüglich irgendwelche Abweichungen feststellen lassen. Es handelt sich hierbei um ein gutes Beispiel dafür, wie anders die Wahrnehmung und das Denken von autistischen Menschen tatsächlich sein können. Sie achten oftmals auf andere Dinge und dessen sollte man sich bewusst sein, ehe man jemanden vorwurfsvoll fragt: „Sag mal, hörst du das eigentlich nicht!?" Nein, sie hören es wirklich nicht.

Was bleibt hinsichtlich dieser Thematik abschließend zu sagen? Nun, ich hoffe lediglich, dass es nie jemandem in den Sinn kommen wird, gegenüber meinem Mann das Sprichwort „Lügen haben kurze Beine" zu verwenden. Ich bin – seine Worte – sozusagen ökonomisch gewachsen, da ich zu allen Seiten hin nicht viel Platz einnehme und wortwörtlich verstanden könnte die besagte Lebensweisheit für ihn daher ein äußerst ungünstiges Licht auf mich und meine Glaubwürdigkeit werfen.

Die plüschige Libido

Wie normal ist es, einen Mann anziehend zu finden, der anfangs mehr Plüschponys in seinem Bett hatte als ein Schießstand auf dem Jahrmarkt? Stimmt etwas mit mir nicht oder stimmt etwas mit der Gesellschaft nicht? Wie präsent ist das gängige Rollenbild vom gesunden, gestandenen Mann, der mit beiden Beinen im Leben steht und der Frau Stärke, Erfolg, Stabilität und Sicherheit vermittelt, heute noch? Andere Frage: Wie definieren sich diese Begriffe überhaupt? Habe ich mir bewusst einen Mann ausgesucht, der meinem Selbstwertgefühl nicht gefährlich wird, weil seine Probleme ein bisschen schwerer wiegen als meine? Selbst wenn, noch nie wurde ich so stark mit mir selbst konfrontiert wie in dieser Beziehung. Er ist, wie er ist, meist filterlos und ohne zu tun, als ob. Wenn ihm etwas wehtut, weiß es die halbe Nachbarschaft. Er ruft es ebenfalls in den Wald hinein, wenn er jemanden mag oder attraktiv findet.

Applejack hatte sowohl Beziehungen mit Männern als auch mit Frauen und alle hat er sie gleichermaßen geliebt, so wie er heute auch mich liebt. Er ist pansexuell und achtet mehr auf das Innere als auf das Äußere eines Menschen. Obwohl dies – wie ich finde – an sich eine schöne Eigenschaft ist, musste ich als Hetero-Frau erstmal damit klarkommen, dass er sich in erster, zweiter und vielleicht auch dritter Linie nicht deshalb mit mir verbandelte, weil ihn mein äußeres Erscheinungsbild so umgehauen hätte. Auf meine Frage, wie attraktiv er mich findet, hat er einst geantwortet, dass diese Wahrnehmung tagtäglich auf einer Skala von 1 bis 10 schwanke, jedoch nie die 6 unterschreite. Danke aber auch. Im gleichen Atemzug hat er mir jedoch versichert, dass ich auf der Persönlichkeitsebene immer eine 10 für ihn darstelle. Viele Frauen werden an dieser Stelle nachvollziehen können, dass ich mich nicht auf den zweiten Teil seiner Aussage konzentrieren, geschweige denn mich sonderlich daran erfreuen konnte. Aus diesem Grund habe ich längere Zeit in so manchen Personen eine Bedrohung gesehen. Was, wenn ihm plötzlich ein Individuum vom Optischen her ins Auge stechen würde und dazu auch noch mehr über den Urknall wüsste als ich? Ich kann euch also sagen, mein Selbstwertgefühl blieb trotz allen Ungleichgewichts hinsichtlich der Anzahl unserer Klinikaufenthalte, gestellter Diagnosen oder erhaltener Medikamente alles andere als verschont. Ich ergriff jedoch die Chance, mich künftig mehr in Selbstliebe zu üben. Merke ich heute, dass ich gekränkt bin, so versuche ich stets, zu hinterfragen, wo der Köter mit seinen Unsicherheiten begraben liegt. Anschließend sprechen wir darüber, so wie wir es immer schon getan haben. Unsicherheiten dürfen ihren Platz haben, indem sie als solche ausgesprochen werden. Anhaltende Machtspiele und Trotzverhalten versuche ich allerdings zu vermeiden, auch wenn schon mal Balkontüren zugeknallt und Stimmen erhoben werden. Wir sind schließlich auch nur Menschen. Wir haben uns im Laufe unserer Beziehung dazu entschieden, diese offen zu führen. Wir haben diese Entscheidung keineswegs mit der Intention getroffen, von nun an auf Jagd zu gehen. Es ist nicht so, dass wir uns zu wenig sind, aber wir möchten uns auch nicht vor mehr verschließen. Vor allem möchten wir dies nicht aus Angst tun, etwas zu verlieren, das uns nie gehört hat, denn Liebe ist kein Besitztum. Wir sind nicht naiv und wissen, dass eine solche Beziehungsform ihre Tücken birgt, empfinden es aber dennoch als falsch, uns Scheuklappen anzuziehen, um Erfahrungen, die riskant sein könnten, zu vermeiden. Wenn ich zu etwas „Nein" sage, obwohl ich es eigentlich gerne tun würde, so hat dies unter anderem wahrscheinlich mit Prinzipien und Respekt zu tun. Diese beiden Dinge möchte ich aber in der Lage sein zu hinterfragen. Inwiefern nützen mir beispielsweise auferlegte Prinzipien und inwiefern nützen sie uns als Paar? Wann stellt eine künstlich errichtete Mauer nicht nur Schutz, sondern auch Vermeidung dar? Braucht es einen Sichtschutz und wann muss eine Sicht überhaupt geschützt werden? Hat es mit Maßlosigkeit zu tun, wenn man sich nicht auf eine Person beschränken will? Macht man sich das Leben so zu einfach, indem man immer das grüner erscheinende Gras auf der anderen Seite des Zaunes frisst? Weshalb braucht es überhaupt einen Zaun? In jede Form von Beziehung gehören für mich Respekt vor dem Gegenüber mitsamt seinen Gefühlen und Bedürfnissen sowie die Fähigkeit, offen und selbstreflektierend miteinander zu kommunizieren, manchmal früher, manchmal später. Je mehr Menschen in eine Beziehung miteinfließen, sei dies auf platonischer, körperlicher oder amouröser Ebene, desto mehr Konfrontationspunkte gibt es und desto gefragter scheinen mir demnach die genannten Punkte zu sein. Beachtet man diese Aspekte nicht, so macht man es sich zumindest kurzfristig vielleicht wirklich zu einfach. Bemüht man sich jedoch stets darum, den Respekt und die ehrliche Kommunikation aufrechtzuerhalten, so sehe ich nicht ein, weshalb das Führen einer offenen Beziehung einfacher und maßloser sein sollte. Es kann gleichermaßen Wachstum und Verderben bedeuten, so, wie dies in einer geschlossenen Beziehung auch der Fall ist. Die Psychologin und Sexberaterin Caroline Fux hat einmal gesagt, dass die meisten offenen Beziehungen deshalb scheitern, weil die Beziehungskompetenz bereits in der „Kernbeziehung" fehle. Das ist dann ein bisschen so, als würde man auf morsches Holz eine zweite Etage bauen wollen. Es steht mir zwar nicht zu, darüber zu urteilen, was richtig und falsch ist. Dennoch erlaube ich mir zu sagen, dass Hobbys wie Fremdgehen und „Partner-Hopping" in einer vermeintlich geschlossenen Beziehung selten förderlich für den eigenen Reifungsprozess sind. Wenn wir vor den Herausforderungen, die uns das Beziehungsleben stellt, flüchten und Probleme anderweitig versuchen zu kompensieren, anstatt sie gemeinsam und aufrichtig unter die Lupe zu nehmen, nähern wir uns stets mehr dem Außen als dem Innen. So werden auch neue Begegnungen zu alten, ehe sie überhaupt die Chance erhalten haben, zu wachsen. Es ist, als würde man ein Gebäude stets nach dem Rohbau verlassen, um irgendwo ein neues zu errichten. Es entstünden Fassaden, Dörfer, ja ganze Städte, doch auf welcher Grundlage? Es gäbe viel „Außen", aber nur wenig „Innen". Und alle Bauten, gleichermaßen wie hoch ihre Anzahl auch wäre, würden, obwohl sie immer Häuser blieben, doch niemals ein Zuhause werden.

Nicht alle dümpeln mit ihrer Beziehung nur an der Oberfläche herum. Genauso wie wir arbeiten viele Paare hart daran, dass ihre Beziehung nicht nur ein Zuhause werden, sondern auch eines bleiben kann. Eine gute Freundin und ich haben uns dennoch einmal gefragt, ob manche Menschen bereit wären, mehr in ihre Beziehungen zu investieren, wenn sie – einmal abgesehen von der allgegenwärtigen Schnelllebigkeit unserer Gesellschaft – dafür die gleiche Anerkennung erhielten wie für ihre Arbeit. Ich habe in den letzten Jahren meiner Beziehung oft Überstunden gemacht und ich habe sie gerne gemacht, weil sie mir lohnend erschienen. Jedoch hatte ich nie das Gefühl, dass diese Investitionen sonderlich angesehen sind. Überstunden im Job? Na klar, gut für die Wirtschaft! Überstunden in der Beziehung? Wie bitte!? Wofür? Na, vielleicht für den Pöbel, von dem wiederum die Wirtschaft abhängt. Ich habe mich mit unserer Partnerschaft auseinandergesetzt, als wäre sie ein kreatives Arbeitsprojekt, mit dem Unterschied, dass ich dafür keine Lohnerhöhung erhalten habe. Diese habe ich selbst für mich als solche erkennen müssen.

Nochmals zu den Plüschponys und der Sache mit der Anziehung. Mein Mann liebt die Serie „My Little Pony". Anfangs war dies etwas befremdlich für mich: Ein erwachsener Mann, der mit seinem Look teilweise eher einem Metalhead als Prinzessin Lillifee gleicht, schaut sich eine Serie für Kinder an, in der gequietscht wird, bis einem die Ohren bluten. Allerdings habe ich relativ schnell verstanden, weshalb ihm diese Sendung so am Herzen liegt. Es war (und ist teilweise heute noch) eine Art Ausflug in eine Welt, in der Unmögliches möglich wird, alles ein gutes Ende nimmt, man füreinander da ist und den Respekt vor der Individualität der anderen wahrt. Hinzu kommt, dass in dieser Sendung Gefühle und Emotionen kindgerecht dargestellt werden. So, damit sie auch jemand verstehen kann, der – wie mein Mann – Mühe im Umgang damit hat. In Serien für Erwachsene ist dies nun einmal weniger der Fall. Ich kann mich daran erin-

nern, dass er, als er anfing, sich die Sendung „Modern Family"
mit mir anzuschauen, des Öfteren irritiert bis schockiert von den
komplexen Verhaltensmustern der Darstellerinnen und Darstel-
ler war und sie nicht recht einzuordnen wusste. Mit Ironie tat er
sich zudem noch schwerer als heute. Als sich meine Schwester
und ihre Partnerin einmal harmlos neckten, musste er sich ver-
gewissern, ob sich die zwei nun tatsächlich stritten oder nicht.
Ich erzähle bewusst in der Vergangenheit, weil er ein sehr lern-
fähiger Mensch ist und durch die Stabilisierung seiner psychischen Verfassung viele Extreme etwas nachgelassen haben. So
schaut er sich heute immer noch gerne, aber deutlich weniger
„My Little Pony" an, weil er gelernt hat, auf andere, sprich erwachsene Art und Weise mit dem Leben und seinen Tücken umzugehen. Nebst der Tatsache, dass er sich früher regelmäßig die
erwähnte Sendung angeschaut hat, trug er meistens auch immer
eines der Tierchen mit sich rum. Dies vor allem dann, wenn er
das Haus für einen Termin verlassen musste, der Stress in ihm
auslöste. Das mitgenommene Pony gab ihm eine gewisse Sicherheit. Er hatte im Allgemeinen die Tendenz, in kindliches Verhalten zu verfallen, wenn ihn mental etwas belastete. Natürlich
brach ich nie in Begeisterungsstürme aus, auch wenn meine Affen am liebsten wohl genauso hätten getragen werden wollen.
Es war wie anfangs erwähnt etwas befremdlich, einen erwachsenen Mann, der sich auch alles andere als kindlich aufführen
konnte, mit einem Plüschtier umherlaufen zu sehen. Selbstverständlich zog er damit auch Blicke auf sich und natürlich war
ich nicht traurig darüber, als dieses Bedürfnis nachließ und er
damit anfing, mehr mich als ein Plüschtier an sich zu drücken.
Dazumal hatte ich es aber einfach akzeptiert und respektiert.
Schließlich hatte ich ihn nicht anders kennengelernt und hätte
es dementsprechend als unangebracht und falsch empfunden,
ihn verändern zu wollen, nur weil mir etwas unangenehm war.
Stattdessen erhielt ich von Anfang an die Chance, mich zu fragen, weshalb mir gewisse Dinge überhaupt unangenehm sind.
Was einen am anderen stört, hat ja bekanntlich immer auch
mit einem selbst zu tun. Ich wuchs über mich hinaus, versuch-

te, Gelassenheit walten zu lassen und die Dinge mit Humor zu betrachten. Auch dann, als er mir einmal ein Stoffpony schenkte, nur um es mir wenig später wieder wegzunehmen, weil er es eigentlich doch lieber selbst haben wollte. Eine Prise Humor schadet nie, wenn man in einer Beziehung und nicht zuletzt Welt lebt, in der man tagtäglich mit Herausforderungen jeglicher Art konfrontiert wird. Humor ist ja, wenn man trotzdem lacht, oder wie es in der Serie „My Little Pony" heißt: „Pinkie, du musst aufrecht stehen. Lerne, dich deinen Ängsten zu stellen. Du wirst sehen, dass sie dir nicht schaden können. Lache einfach, damit sie verschwinden."

Auch unabhängig von seiner Vorliebe für Pinkie Pie und Co. zeigten sich zwischendurch Verhaltensweisen, die seine damalige Überforderung mit der Welt zum Ausdruck brachten. Einmal ging es beispielsweise darum, dass er in einen Laden eine defekte Ware zurückbringen wollte, was eine große Herausforderung für ihn dargestellt hat. Ich begleitete ihn zwar, wartete jedoch draußen. Schließlich kam er freudestrahlend zurück und meinte, er hätte das Geld erstattet bekommen. Er erzählte mir auch, wie er es erreicht hatte, was mich gleichzeitig amüsierte und einmal mehr befremdete. Er hatte Folgendes getan: Er war in den Laden gegangen und hatte eine Dame vom Personal angesprochen. Dabei hatte er sich so kindlich wie möglich gestellt, um absichtlich den Eindruck zu erwecken, er sei etwas „zurückgeblieben". Offenbar hatte diese Masche gut funktioniert, denn die Verkäuferin verhielt sich – laut seinen Aussagen – daraufhin überaus freundlich. Sie erklärte ihm alles ganz genau und machte ihn am Schluss darauf aufmerksam, seine Tasche ja nicht zu vergessen. Des Weiteren hielt sie ihn dazu an, den Rückgabeschein gut aufzubewahren. Den krönenden Abschluss machte sie schließlich mit der Aussage: „Und sonst gibst du den Zettel deiner Mami!"

Doch wie stand es nun um meine Libido? Diese wurde durch solche Ereignisse ab und an tatsächlich auf eine harte Probe gestellt und hat trotzdem überlebt. Etwa zur gleichen Zeit, als ich mit ihm eine Beziehung eingegangen bin, habe ich auch meine

Ausbildung zur Sexualberaterin begonnen. Ganz ehrlich, die Kurse haben mein Leben und meine Sicht auf die Sexualität verändert. Ich kann nur immer wieder betonen, wie dankbar ich für die Erkenntnisse bin, die ich während der Seminare erhalten habe. So wurde uns beispielsweise erklärt, dass unser Lustempfinden mitunter auch von bestimmten sexuellen Anziehungscodes beeinflusst wird. Sexuelle Anziehungscodes haben verschiedene Erscheinungsformen. Es kann sich dabei beispielsweise um Fetische, Genres, bestimmte Körperformen oder bevorzugte Charakterzüge handeln, die uns besonders in Stimmung bringen. Dadurch habe ich tatsächlich herausgefunden, dass ich dominant und selbstsicher wirkende Männer zwar durchaus attraktiv finden kann, mich jedoch etwas labiler erscheinende Exemplare deutlich mehr anziehen. Bereits als Kind habe ich mir abenteuerliche Heldengeschichten ausgedacht. Darin kam allerdings nie ein Prinz vor, der mich auf einem weißen Schimmel aus den Fängen des bösen Räubers befreit hat. Stets saß ich selbst mit wehendem Haar auf dem Gaul und rettete meinem Angebeteten das Leben. Meine Fantasien und Vorlieben unterschieden sich dabei meist etwas von denjenigen meiner gleichaltrigen Freunde. Während der Ausbildung musste ich mir nun etwas schamhaft eingestehen, dass meine Libido Freude daran hatte, in eine starke Rolle zu schlüpfen. Wäre ich mir dessen allerdings nicht bewusst geworden, so hätte ich mich mit jedem Millimeter, um den sich mein Mann im Laufe der Zeit psychisch stabilisiert hat, mehr und mehr von ihm entfernt. Zumindest auf sexueller Ebene wäre aus Anziehung Desinteresse geworden. Durch meine Erkenntnisse war es mir hingegen möglich, meinen nicht sehr schmeichelhaften Anziehungscode zu hinterfragen und ihn um ein paar Aspekte zu erweitern. Ich habe gelernt, mich bewusst auf zusätzliche Begebenheiten zu fokussieren, die ich an meinem Mann attraktiv finde, was ich im Übrigen heute noch tue. Ich würde behaupten: Je starrer oder vergänglicher die eigenen Anziehungscodes sind, desto vergänglicher ist tendenziell auch die Partnerschaft. Uns wurde in den Kursen auch verdeutlicht, wie wichtig es ist, das eigene Lustempfinden nicht ausschließlich vom Antlitz und den Fähigkeiten seines Gegenübers abhängig zu machen, sondern selbst und unter Einbezug unseres Körpers dafür die Verantwortung zu übernehmen. Somit sei gesagt, dass meine Vorliebe für das Retten unter besonderen Umständen tatsächlich nicht von besonders gesunder Natur herrührt und ich gut daran getan habe, diesen Anziehungscode zu hinterfragen. Sich vorwiegend dann wertvoll zu fühlen, wenn jemand Hilfe braucht und dies auf Männer bezogen auch noch als anziehend zu empfinden, beruht in meinem Fall auf Hintergründen, die mit Sicherheit eine logische Erklärung für meinen „Fetisch" liefern. Es geht in erster Linie nicht darum, eine Vorliebe zu töten, sondern sie um ein paar Freunde zu ergänzen. Dem Einhorn sei Dank hat meine Beziehung nicht trotz, sondern dank dieser Erkenntnis überlebt. So habe ich aus einem fragilen Konstrukt ein Zuhause schaffen können. Ein Zuhause, aus dem Twilight, Pinkie Pie, Rarity und wie die plüschigen Freunde meines Mannes alle so heißen, mittlerweile zwar ausgezogen sind, wo meine Libido jedoch wohnhaft geblieben ist.

Lasagne vor der Tür

Manchmal, wenn ich mit Freundinnen spreche und über das Verhalten meines Mannes berichte, fallen Sätze wie „Das macht meiner aber auch!". Damit wollen sie suggerieren, dass die von mir geschilderte Situation womöglich nichts typisch Autistisches, sondern salopp gesagt eher „typisch Mann" ist. Ein Beispiel dafür wäre das Erkennen von und der Umgang mit eigenen oder fremden Emotionen. Das Klischee besagt, dass „Mann" etwas Mühe damit hat, über Emotionen zu sprechen. Es besagt auch, dass „Mann" nicht immer empathisch auf Gefühle eingeht, wenn Frau welche zeigt. Ich gebe den Frauen recht, mein Mann ist wahrlich nicht der Einzige, der auf diesem Gebiet ein bisschen herausgefordert scheint. Die Realität zeigt, dass er genauso wenig der Einzige ist, wie es im Übrigen auch eine Frau wäre, weil es natürlich auch Frauen gibt, für welche dieses Gebiet kein trittsicheres Terrain darstellt. Worin besteht nun also der Unterschied zwischen meinem Wegbegleiter und denjenigen meiner Freundinnen? Wo liegen die Differenzen zum neurotypischen Mann, der ja manchmal auch nicht über Gefühle sprechen kann? Beginnen wir damit, dass meiner seine Emotionen oftmals nicht erkennt, wenn sie da sind. So mögen manche zwar nicht über ihre Gefühle und Emotionen sprechen können oder wollen, aber sie realisieren zumindest, dass sich da gerade Wut, Angst, Traurigkeit, Freude, Ekel und so weiter melden. Die meisten Männer würden wohl spätestens dann erkennen, dass ihre Frau traurig ist, wenn sie in ihren Tränen für die olympische Disziplin 200 Meter Schmetterling trainieren könnte. Davon darf ich beispielsweise nicht ausgehen. Was seine Erkennungsfähigkeiten anbelangt, kann ich froh sein, wenn mein Mann mich und keine andere Frau mit nach Hause nimmt, weil er so schlecht darin ist, sich Gesichter zu merken. Ebenso wenig durfte ich anfangs von wilden Bettkapriolen ausgehen, weil mein Mann bekanntlich lieber „My Little Pony" als unter mein

Shirt geschaut hat. Die meisten Männer dackeln der Frau auch nicht hinterher, wenn sie am Staubsaugen ist, sondern danken still und heimlich dem Allmächtigen dafür, dass sie vor dieser Aufgabe verschont bleiben. Das Verhalten meines Mannes hingegen erinnert mich ein bisschen an jenes meiner Katzen. Diese sind früher auch immer dem Wischmopp hinterhergerannt und haben genau dort ihre Pfotenabdrücke hinterlassen, wo ich soeben den Boden nass gewischt hatte. Mein zweibeiniger Gefährte kann mir übrigens nicht genau sagen, weshalb er den Staubsauger stalkt, den er nie selbst in die Hände nehmen würde, weil er seine Geräusche nicht mag. Er glaubt vielleicht, kontrollieren zu müssen, was vor sich geht. Dies ganz nach dem Motto: Halte deine Freunde nahe bei dir, aber deine Feinde noch näher. Apropos Haushalt: Die meisten Männer wären ihrer Frau behilflich, wenn sie einen schweren Einkaufswagen schieben oder die XXL-Bettmatratze neu beziehen würde. Meiner trottet gedankenversunken nebenher und schaut mir dabei zu, wie ich mit dem Wägelchen auf der Rolltreppe stecken bleibe oder mich mit dem Spannbettlaken abmühe. Dabei macht er keine Anstalten, mir unter die Arme zu greifen, und ist entweder peinlich berührt, wenn ich ihn darauf aufmerksam mache, oder entgegnet etwas wie: „Du hast ja nicht gefragt!" Im Endeffekt hat er recht und es hat mich gelehrt, meine Bedürfnisse ungefragt und klar auszudrücken, anstatt sie dem Schicksal zu überlassen. Etwas, das wir alle tun sollten, anstatt uns zähneknirschend darüber zu ärgern, dass unsere Männer und Frauen nicht merken, dass wir es gerne sehen würden, wenn sie regelmäßig ihre Unterhosen wechselten. Jedenfalls, die meisten Männer meinen es nett, meiner auch. Es sind keine Anzeichen von Boshaftigkeit, Ignoranz oder Faulheit, es kommt ihm manchmal einfach nicht in den Sinn, was anderen automatisch vorschwebt. So kann es durchaus sein, dass er nicht nach dem Grund fragt, wenn ich ihm mitteile, dass ich traurig bin. Die meisten Männer tun dies, weil sie den Grund wissen wollen, anstatt ihn zu fürchten. Meiner ist manchmal froh, die Hintergründe nicht zu kennen, aus Angst, dass sie ihn überfordern könnten. Die meisten Männer laufen auch nicht aus dem

Zimmer und kehren erst im nächsten Schaltjahr zurück, wenn sie bemerken, dass ihre Frau weinend auf dem Bett liegt. Manche Männer mögen viel laufen, ob beruflich oder privat, aber bei meinem Spektronauten finden die Beine auch im Stehen keine Ruhe. Die meisten Männer hocken während des Frauenarztbesuches ihrer Geliebten (wenn sie denn überhaupt mitkommen) nicht da, um alles aus nächster Nähe zu sehen, meiner schon, und zwar wirklich wie ein Soldat an der Front.

Kehren wir zum Eingangsbeispiel bezüglich Emotionen zurück. So einige Menschen – nicht nur Männer – sind überfordert, wenn es um den Umgang mit den Emotionen oder emotionalen Themen von anderen Personen geht. Sie wechseln die Straßenseite, wenn sie wissen, dass du eine bestimmte Diagnose erhalten oder deine Mutter an Krebs verloren hast. Und manche vergleichen den Tod deines Vaters mit dem von ihrem Hamster. Mein Mann würde die Straßenseite nicht wechseln, weil er die Person gar nicht rechtzeitig erkennen könnte. Sein Kopf ist immer nach unten geneigt und sein Blick zu Boden gerichtet, während er durch die Gegend düst und ich ihm keuchend hinterherrenne. Er würde die schicksalsgebeutelte Person im letzten Moment sehen, sie grüßen und dann eher daran denken, nachzufragen, wie viele Milliliter Morphium der verstorbenen Mutter zuletzt verabreicht worden seien, als zu kondolieren. Er würde den Tod der dahingeschiedenen Person auch nicht mit dem Ableben seines Hamsters vergleichen, womöglich aber nur deshalb nicht, weil er nie einen gehabt hat. Jedoch könnte es sein, dass er die Tochter der toten Frau darauf aufmerksam machen würde, sich einer Mammographie zu unterziehen, weil so etwas wie Brustkrebs schließlich vererbbar sei und sie das Risikoalter bereits erreicht hätte. Er würde dies nicht wie die meisten in einem Neben- oder Folgesatz erwähnen, nachdem er beispielsweise mitfühlende Phrasen der Anteilnahme geäußert hätte. Nein, die Worte würden als isolierter Hauptsatz mit Punkt anstelle eines Kommas seinen Mund verlassen.

Nicht immer lässt sich so genau sagen, welche Verhaltensweisen einer Diagnose wie dem Autismus und welche mehr der

Persönlichkeit oder dem Temperament eines Menschen zugeordnet werden können. Über den Daumen gepeilt könnte man sagen: Je spezifischer, ausgeprägter und normabweichender Handlungen sind, desto eher können Verhaltensweisen kategorisiert werden und auf eine mögliche Diagnose hindeuten. Mühe damit zu haben, über eigene Gefühle sprechen oder fremde richtig erkennen und einordnen zu können, macht noch lange keine Diagnose aus. Überfordert zu sein, wenn jemand weint, deutet zwar meist auf eigene Unsicherheiten, aber auf keinen diagnostischen Befund hin. Ein Weinen nicht als solches erkennen zu können, trifft hingegen schon eher den Nagel auf den Kopf. Ob mit oder ohne Diagnose, es gibt immer Menschen, die eher von der Norm abweichen, und solche, die ihr eher entsprechen. So wird es immer und überall auf der Welt ein „Meiner auch" und ein „Meiner nicht" geben, denn es gibt immer manche und solche. Die einen tragen einen Rucksack, an dem ein Plüschpony hängt, und erzählen einer trauernden Person etwas von Statistiken. Manche wiederum seufzen, während sie einem kondolieren, so tief, dass man sich für einen Moment unsicher darüber wird, ob es vielleicht deren verstorbene Mutter und nicht die eigene ist, die beerdigt wird. Dann gibt es jene, die einem in der ersten Trauerphase Lasagne vor die Tür stellen, und schließlich wieder andere, welche sogleich mit dem toten Hamster ins Haus fallen. Deiner nicht? Meiner auch.

Animalisch

Das Zusammensein mit ihm geht auch einher mit einer Sensibilisierung für das Anderssein. Es geht nicht nur um den Respekt davor, sondern um ein Leben damit. Es geht darum, einen Punkt zu erreichen, an dem du merkst, dass du zwar fühlen darfst, was du fühlst, deinen Emotionen jedoch nicht unkontrolliert freien Lauf lassen solltest, weil auf der anderen Seite jemand steht, der genauso fühlen darf, wie er eben fühlt, und mag dies noch so anders sein.

Es geht darum, das Rumpelstilzchen in sich zu erkennen, wenn man Genugtuung dabei verspürt, bittet einen das Gegenüber beispielsweise um Entschuldigung, obwohl es sich vielleicht gar nicht hätte entschuldigen müssen. Es geht darum, den eigenen hilflosen Versuch dahinter zu erkennen, Kontrolle über etwas gewinnen zu wollen, das nicht zu kontrollieren ist. Und wenn ich ihn noch tausendmal dafür anschnauze, dass er in der Nacht zu laut gewesen ist, so wird er sich dabei zwar mit Sicherheit jedes Mal schlecht fühlen und trotzdem würde es nichts daran ändern, dass er auch noch in zehn Jahren nachts ab und zu mit der Packung Chips rascheln würde. Es geht darum, zu erkennen, dass es, wenn jemand etwas nicht mit Absicht und Bewusstsein tut, keiner konstruktiven Kritik entspricht, wenn ich sage: „Es nervt mich, also hör auf damit!" Oftmals – und so unbegreiflich sich dies für einen neurotypischen Menschen anhören mag – tut jemand bereits sein Bestes und nimmt nicht wahr, dass sein Bestes seinem Gegenüber nicht genügt. Ihn dazu aufzufordern, eine unbewusste und automatisierte Handlung zu unterlassen, wäre in etwa gleichbedeutend mit der Anweisung, er möge doch bitte das Atmen einstellen. Es geht darum, zu erkennen, dass wenn man jemandem eine erfolgverspechende Rückmeldung geben möchte, dieser Person sinnvollerweise auch mitteilen müsste, wie man sich das Folgeszenario vorstellt. Und selbst diese Art der Formulierung könnte möglicherweise ins Leere laufen, weil es – abgesehen von künstlicher Luftzufuhr – keine Möglichkeiten gibt, das Atmen einzustellen, ohne dabei zu Grunde zu gehen. Es geht also vielmehr darum, aus „Störungen" Möglichkeiten zu kreieren, die es beiden erlaubt, frei atmen zu können.

In meiner Beziehung geht es immer wieder darum, sich zu fragen: Wie kann ich ihn so sein lassen, wie er ist, und dabei auch selbst so sein, wie ich bin? Es geht in meinem Fall darum, meine eigenen Bedürfnisse wahr- und auch ernst zu nehmen, ohne ihm gleichzeitig unrecht zu tun. Für ganz lange Zeit und in ganz vielen Momenten habe ich mich gefragt, wieso er dieses und jenes nicht einfach kann, denn schließlich sei es doch logisch, dieses und jenes zu können oder zu tun. Es ist doch logisch, dass man von Regen nass wird, Schweine grunzen und der Schnaps besoffen macht. Es ist doch logisch, dass man seine Kleider regelmäßig wechselt, dem Gegenüber Fragen stellt oder einer Person gratuliert, die gerade frischgebackene Mutter geworden ist.

Würde ich ihm alle Dinge, die ich und viele andere meiner Gattung tagtäglich als logisch empfinden, ungefiltert an den Kopf werfen, so würde ich stets mit der Intention handeln, dass ich recht habe und er nicht. Ich würde meine eigene Realität über die seine stellen. In jedem Miteinander geht es idealerweise aber auch darum, verstehen zu wollen, weshalb jemand so handelt, wie er handelt, und wo darin seine Fähigkeiten, aber auch Grenzen verborgen liegen. Es geht darum, aus einem „Ich will es aber so!" ein „Ich könnte auch so!" zu kreieren. Zumindest könnte es darum gehen, wenn man denn will, dass es darum geht.

Gerade weil mein Mann und ich in mancher Hinsicht so unterschiedlich sind, ist es wichtig für uns, regelmäßig und aktiv gemeinsame Momente zu schaffen. Nähe können wir allerdings eher weniger durch gemeinsame Hobbys und Interessen entstehen lassen. Ich verstehe nicht viel von Physik, habe keine Ausdauer, wenn es um das Erlernen von Instrumenten geht, und das Weltall interessiert mich auch nur dann, wenn ich gerade jemanden dorthin schießen möchte. Stattdessen schaffen wir

Nähe und Intimität durch gemeinsame Erlebnisse. Gemeinsames Hören, Sehen, Fühlen, Schmecken und Lachen. Es geht darum, Gemeinsamkeiten zu schaffen und gleichzeitig Differenzen zu relativieren. Es geht darum, wahrzunehmen, was ihm, mir und somit uns auf Dauer nicht guttun könnte. Ich bin nachts gerne allein und ungestört, mag es frühmorgens, in Ruhe meiner Routine nachgehen zu können, brauche Gefäße des Austausches, in denen es auch mal um mich geht, und muss Investitionen seinerseits in unsere Beziehung erkennen können. Ignoriere und unterdrücke ich diese Bedürfnisse, kann ich mit Sicherheit davon ausgehen, dass früher oder später Frustration und noch später dann Resignation folgen würden. Wenn ich ihn also – meiner Bedürfnisse zum Trotz – weiterhin Nacht für Nacht neben mir schnaufen lasse wie eine Dampflokomotive, er morgens seine Runden um mich auf der Yogamatte drehen kann, ich darauf warte, bis er nachfragt, ob ich heute schon Stuhlgang hatte, und stets dafür die Verantwortung übernähme, dass wir auch mal etwas anderes zu Gesicht bekommen würden als unsere Wohnung und den Fluss an der Dorfgrenze, so würde ich Gefahr laufen, früher oder später in etwas oder jemand anderem zu suchen, was mir bei uns fehlt. Dabei würde ich zunächst mich selbst und dann schließlich ihn verlieren. Ich würde meine Suche im Außen anstatt im Innen fortsetzen, während mir mein Mann allmählich entgleiten würde, zunächst aus meinen Gedanken, dann aus meinem Herzen.

Somit sind wir wieder beim Anfang dieses Kapitels, weil sich die Frage stellt, um was es denn nun eigentlich geht. Wenn wir so unterschiedlich sind, dass wir den anderen nicht so sein lassen können, wie er ist, ohne dabei selbst auf ungesunde Art und Weise zurückstecken zu müssen, dann kann es doch kein Miteinander geben, oder? Schließlich hatte ich ja auch erwähnt, dass es oft weder etwas nützen noch fair sein würde, ihn dazu aufzufordern, etwas zu tun oder zu unterlassen. Ich kann ihm nun mal nicht einfach das Atmen verbieten, seine Unruhe oder meinetwegen seine „eigene Form der Morgenroutine" unterbinden und ihn dazu zwingen, mehr Interesse an meinem Leben oder

Verantwortung in der Beziehung zu zeigen. Nein, das kann ich gewiss nicht. Was ich jedoch tun kann, ist, ums Eck zu denken und zu erkennen, dass es für mich zwar logisch sein mag, dass der Regen nass ist, es jedoch genauso logisch ist, dass wir uns davor schützen können. Ich kann mir bewusst machen, dass ich das Schwein logischerweise nur grunzen höre, weil ich das Geräusch als Grunzen erkenne, und ich kann realisieren, dass Schnaps logischerweise nur besoffen macht, wenn ich ihn konsumiere. Im Falle meines Mannes und mir heißen die Zauberworte: Respekt, Kreativität und Kompromiss. Daraus resultiert: Er darf weiterhin Dampflokomotive spielen, weil er nun mal keine Elektroeisenbahn ist. Die Zugstrecke verläuft jedoch nun über das Bettsofa im Wohnzimmer und es wird nicht mehr über die Heia im Schlafzimmer an meinem Ohr vorbeigesaust. Quality Time im gemeinsamen Bett können wir auch anders haben und ich spreche hierbei nicht nur von Sex (aber auch). Da wir zu unterschiedlichen Zeiten schlafen gehen, fällt das gemeinsame Schäfchenzählen ohnehin weg, allerdings spricht nichts dagegen, sich am nächsten Morgen unter die Decke des anderen zu schleichen, um gemeinsam aufzuwachen. Nur deshalb im selben Ehebett zu nächtigen, weil es sich nun mal so gehört, dafür habe ich sowieso nur ein müdes Lächeln übrig. Sollen dies die weniger zarten Pflänzchen tun, die sich auch von einem Triebwerk nicht aus den Federn winden lassen würden. Was die morgendlichen und wortwörtlichen Gedankenschritte meines Mannes anbelangt, die können ebenfalls vor-, nach- und umverlegt werden. Festschrauben kann ich ihn ja nicht, und nur, weil ich auf dem Sofa hockend in den Tag starte, heißt das noch lange nicht, dass er das auch tun muss. Ich trinke mich mit dem Kaffee warm, er läuft sich eben warm. Für den gewünschten Austausch beziehungsweise insbesondere die Möglichkeit, aus meinem Leben zu erzählen, haben wir ein mindestens zweimal monatlich stattfindendes Paargespräch ins Leben gerufen. Dieses umfasst folgende Punkte: ein positives Feedback, eine Mitteilung, eine Frage, eine Bitte und einen Vorschlag. Beide bereiten sich gleichermaßen darauf vor, es muss jedoch nicht zwingend zu jedem

Punkt etwas gesagt werden. Anfangs beinhaltete das Gespräch noch den Aspekt des kritischen Feedbacks, also eine Rückmeldung, die wir uns geben konnten, wenn wir mit etwas nicht zufrieden gewesen sind. Mittlerweile haben wir dieses Traktandum jedoch von der Liste verbannt, weil es immer wieder zu Disputen geführt hat, welche das Gespräch beendeten, bevor es überhaupt richtig angefangen hatte. Keine Form der Kommunikation hätte verhindern können, dass es nicht andauernd zu Situationen gekommen wäre, in denen er sich durch Rückmeldungen meinerseits bis in seine Kindheit zurück getriggert gefühlt hätte. Für ihn ist es nach wie vor herausfordernd, sich nicht als ganze Person abgelehnt zu fühlen, wenn ich hinsichtlich einer spezifischen Verhaltensweise oder Handlung Kritik übe. Ich habe es sicherlich nicht jedes Mal geschafft, die vorbildlichste Ausdrucksweise zu verwenden, aber selbst, wenn ich mit Ich-Botschaften gesprochen und mich noch so liebevoll, höflich und gewaltfrei ausgedrückt hätte, wäre ich nicht dazu im Stande gewesen, seine eigens produzierten Dramen zu verhindern. Irgendwann sind wir deshalb zum Entschluss gekommen, dass wir diesen Punkt nicht mehr brauchen, weil er sich ebenso gut in eine Frage oder Bitte verpacken lässt. Die Fragevariante entschärft häufig die vermeintliche Bombe, denn anhand einer Frage zeige ich erstens Interesse daran, verstehen zu wollen, weshalb sich jemand verhält, wie er sich eben verhält, anstatt ihn vorschnell zu verurteilen. Zweitens gebe ich dadurch auch mir selbst die Chance, aufgemachte Schubladen wieder zu schließen. Anstatt, dass ich ihm also zurückmelde: „Es hat mich wütend gemacht, dass du mich heute kein einziges Mal gefragt hast, wie es mir geht!", versuche ich, stattdessen zu fragen: „Kann es sein, dass du gerade viel mit dir selbst zu tun hast und es dir schwerfällt, die Menschen um dich herum wahrzunehmen?" Das mag jetzt sehr hochgestochen klingen, aber ich denke, man erkennt, um was es mir geht. Würde ich ihm nämlich Ersteres an den Kopf werfen, so wäre die Chance groß, dass sich der kleine Applejack angesprochen fühlen würde, der es ja sowieso nie jemandem hat rechtmachen können.

Was des Weiteren genauso gut sein könnte, wäre die Tatsache, dass sich hingegen oder vielleicht auch gleichzeitig der Asperger-Anteil in ihm melden würde und dieser vielleicht einfach mit einem schlichten „Ja" antworten würde. Nichts, was wiederum den Affenanteil in mir selbst zufriedenstellen könnte. Aus einer Frage kann ich mitunter also viel mehr herausholen, während nichts dagegenspricht, dass ich parallel dazu an meiner Rückmeldetaktik arbeite und er seine Reaktionsmuster überdenkt.

Dann kämen wir noch zum letzten Bedürfnis meinerseits, nämlich demjenigen der Verantwortungsübernahme seinerseits als Teil unserer Beziehung. Es wäre Mumpitz, davon auszugehen, dass es reichen würde, ihn einmal darauf aufmerksam zu machen, dass ich mir wünschte, er würde etwas aktiver sein, und er deshalb anschließend dazu im Stande wäre, unsere nächsten Ferien zu planen. Es ist nicht so, dass er nicht gerne etwas für mich tut, aber entweder überfordert ihn nur schon die Vorstellung, ein neues Rezept auszuprobieren, oder er kann in der Praxis nicht umsetzen, was ihm theoretisch vorschwebt. Ich habe beispielsweise gewusst, wann und wie er mir einen Heiratsantrag machen wird, weil er diesen besonderen Anlass vor lauter Überforderung und Nervosität nicht geschafft hat, vor mir geheim zu halten. Jedenfalls kommt mir auch hierbei unser Paargespräch zu Hilfe, denn unter dem Punkt „Bitte" ist es mir offiziell erlaubt, ihn darum zu bitten, bestimmte Aufgaben zu erledigen. Aufträge, die letztendlich mir oder uns beiden zugutekommen. Er hat an dieser Stelle die Möglichkeit, nachzufragen, wenn er überfordert ist oder ihm etwas unklar erscheint. So komme auch ich regelmäßig in den Genuss, dass er beispielsweise Aktivitäten organisiert, um die ich mich nicht zu kümmern brauche, sondern bei denen ich mich einfach zurücklehnen und genießen kann.

Die Welt ist groß und genauso groß ist oftmals auch die Anzahl an Möglichkeiten, die sich uns bieten, wenn wir gewillt sind, zu wühlen. Es geht stets darum, zu erkennen, um was es einem eigentlich geht, denn natürlich ist es auch ok, wenn sich jemand dafür entscheidet, dass der Regen einfach nur nass und scheiße ist, man das Schwein niemals grunzen hören will und den Schnaps, der einen besoffen macht, trotzdem konsumieren möchte. Nicht alle setzen ihre Schwerpunkte und Prioritäten gleich. Es gibt manche, denen ist es wichtig, mit dem Partner gemeinsam den Mount Everest zu besteigen, auf Schlagerpartys zu gehen, Trash-TV zu gucken und wegen desselben Sonnenbrands zu leiden. Manche wollen kein „Ich könnte auch so!" aus einem „Ich will es aber so!" machen und nur das allmächtige Einhorn weiß, ob ich und mein Mann stets in der Lage sein werden, diese Transformation zu vollziehen.

Es geht darum, dass in der Regel jede Person selbst entscheiden darf, wie sie auf etwas ungünstige Begebenheiten reagiert. Ich spreche nicht von extremen Bedingungen wie Krieg und Folter. Es geht um das Haushalten mit unseren Bedürfnissen im Alltag, darum, wofür wir uns entscheiden und was wir wie aushalten oder eben nicht. Es geht darum, zu erkennen, dass du das Schweinchen nicht grunzen hören musst, wenn du es nicht grunzen hören willst, dass es aber trotzdem immer grunzen wird, weil es nicht anders kann und auch nicht anders muss, weil es nun mal ein Schweinchen ist. Und falls es nun darum geht, dass sich manche fragen, weshalb ich plötzlich von den Affen in meinem Kopf zu den quiekenden Glücksbringern gewechselt habe oder wie ich es schaffe, die Nerven zu bewahren, wenn mein Mann mit seinem Gähnmarathon jeden brünstigen Hirsch übertönt, dann muss ich euch sagen: Ich weiß es auch nicht, aber vielleicht habe ich auch einfach tierisch Schwein gehabt!

Ich möchte diese Blumenwiese annehmen

Ich genoss etwas „Bildungsfernsehen", wo sich mir folgendes Szenario zeigte: Der Bachelor befand sich auf einem Gruppendate an irgendeinem idyllischen Plätzchen in Mexiko. Er war gerade fertig mit Plantschen und stieg graziös aus dem Wasser. Die Frisur saß, die Badehose auch. Jedes sichtbare Härchen befand sich an der richtigen Stelle und sein muskulöser Oberkörper ließ den Frauen, die um ihn warben, den Speichel aus den Mundwinkeln tropfen.

Im selben Moment kam mein Mann um die Ecke geschossen, eher hastig als grazil, das Brusthaar wehte im Sausewind, die Brille saß auf Halbmast und die Haare auf dem Kopf standen ihm in alle möglichen Richtungen zu Berge. Mit dem Styling und der Körperpflege ist es so eine Sache. Sie sind genauso befindlichkeitsabhängig wie alles andere auch. Es gibt Phasen, in denen es ihm Spaß zu machen scheint, seinen Bart zu trimmen und duften zu lassen wie eine Blumenwiese. Und dann gibt es eben auch die Phasen, in denen der Bart mehr einer Blumenwiese gleicht, als danach duftet. Es sind Phasen, in denen er zwar weiterhin täglich duschen, jedoch eine Woche lang mit denselben Kleidern umherlaufen würde, würde ich ihn nicht darauf aufmerksam machen, dass diese förmlich nach einem Waschgang lechzen. Seine Wahrnehmung sowie Vorstellung von Reinlichkeit und Attraktivität ist eine etwas andere, als dies bei den meisten neurotypischen Menschen der Fall sein mag. Seine Libido ist beispielsweise auch deutlich weniger reinlichkeitsliebend als die meine. Damit meine ich: Wahrscheinlich könnte ich mich in Jauche wälzen und er würde trotzdem noch wortwörtlich mit mir verkehren wollen. Manchmal beneide ich ihn darum, dass seine Sexualität beziehungsweise die Lust auf Intimität weder von Gerüchen noch von Ehejahren abhängig ist. Während die Lust in den meisten Beziehungen mit der Zeit eher abnimmt, ist es bei ihm umgekehrt. Grundsätzlich gilt, dass je mehr Routine er in etwas hat, desto sicherer er sich fühlt. Während sich bei unsereiner meist der Wunsch nach Sicherheit langfristig mit der Lust auf sexuelle Interaktionen beißt, kann er daraus neue Leidenschaft generieren.

Es hat einige Zeit gebraucht, bis ich akzeptieren konnte, dass er nicht mit Absicht oder aus Faulheit manchmal nur ein Minimum an Selbstfürsorge aufbringen kann. Ich möchte an dieser Stelle klar betonen, dass nicht alle Menschen im Spektrum Probleme mit der Körperpflege aufweisen. Es gibt sicherlich welche, die nicht sonderlich viel Wert darauf legen, ihre Prioritäten anders setzen oder jene, die der Gang ins Badezimmer vor Herausforderungen stellt., Es gibt jedoch mindestens genauso viele, die sehr reinlichkeitsliebend sind und sich gar auf ritualisierte und strukturierte Art und Weise um sich kümmern. Das typisch Autistische bei ihm sehe ich in der Art und Weise, wie er seine Prioritäten setzt. Natürlich hatten und haben eher depressive Phasen Einfluss auf sein Verhalten, aber er ist grundsätzlich jemand, der nicht einsieht, weshalb es so wichtig sein kann, sich zurechtzumachen. Will ich ihn verführen, so würde mir dies unter Umständen besser gelingen, wenn ich ihm eine Physikformel ins Ohr hauchte, als meinen Körper mit Parfum besprühte.

Irgendwann konnte ich begreifen und akzeptieren, dass er bei dieser Thematik wohl hie und da etwas Unterstützung braucht und ich nicht darum herumkommen werde, ihn ab und an auf eine uns selbstverständlich erscheinende Selbstfürsorge aufmerksam zu machen. Es ist wie bei vielem anderen auch: Möchte ich, dass meine Bedürfnisse – zum Beispiel dasjenige nach einem gut duftenden Partner – erfüllt werden, kann ich entweder abwarten und auf ein Wunder hoffen, dabei immer wütender werden und wertvolle Zeit verschwenden. Ich könnte mich darüber ärgern, dass ich ihn auf etwas aufmerksam machen muss, auf das man einen erwachsenen Menschen doch nicht aufmerksam machen sollte. Ich könnte meine Vorstellung von Richtig und Falsch jedoch auch einfach beiseiteschieben und mich stattdessen aktiv darum kümmern, dass er sich kümmert. Es ist schön, wenn das Gegenüber etwas von allein tut, und es ist schön, wenn es ihm selbst in den Sinn kommt, nachzufragen, ob das Bewerbungsgespräch gut verlaufen ist. Es ist jedoch auch schön, wenn man in der Lage ist, den Mund selbst aufzumachen, denn es könnte einem ja schließlich ein Asperger gegenüberhocken. Einer, der nicht aus purem Desinteresse oder Narzissmus handelt, sondern der die von einem sehnlichst und klangheimlich erwartete Frage lediglich gerade nicht auf dem Schirm hat. Es hat mich dahingehend sensibilisiert, dass ich Menschen nicht mehr so schnell verurteile. Nur, weil eine Person nicht so handelt, wie wir es gewöhnt sind oder uns vielleicht wünschen, heißt dies zwar – um es in den Worten eines ehemaligen Klienten auszudrücken – dass dieser Mensch mit großer Wahrscheinlichkeit ein A****l**h hat, aber noch lange nicht, dass er eines ist.

Ich komme nochmals auf die Szene im Bildungsfernsehen zurück beziehungsweise auf diejenige, die sich mir parallel dazu in der Realität bot: Ich musste schmunzeln, als ich ihn betrachtete. Er war definitiv kein Bachelor und trotzdem der schönste Mann auf Erden für mich. Und als er da so vor mir stand, wusste ich: Ja, ich möchte diese Blumenwiese annehmen, immer wieder.

Der trojanische Käse

Als wir zu Beginn unserer Beziehung einmal einen Ausflug ins Grüne geplant hatten, machte ich ihm den Vorschlag, Sandwiches von zu Hause mitzunehmen. Daraufhin bat er mich, die Zutaten einzeln einzupacken. Er äußerte die Angst, das fertig von mir zubereitete Brötchen könnte ihm nicht schmecken. Er mag es grundsätzlich nicht sonderlich, wenn Lebensmittel gemischt auf seinem Teller landen, vor allem dann nicht, wenn er zuvor noch nie davon gekostet hat. Während ich gerne verschiedene Speisen miteinander kombiniere, um die größtmögliche Geschmacksexplosion im Mund zu erzielen, unterliegen seine Happen einer bestimmten Reihenfolge. So machen beispielsweise die Erbsen öfters erst im Magen Bekanntschaft mit dem Kartoffelbrei. So weit, so gut, wenigstens trinkt er die Bratensauce nicht aus einem separaten Glas. Was ich ihm jedoch bis heute immer wieder mit einem Augenzwinkern vorhalte, ist die Tatsache, dass er ein liebevoll von mir zubereitetes Sandwich ablehnt, aber seit Jahren eine eingepackte und vor Konservierungsstoffen schreiende Version aus dem Discounter den Weg in sein Inneres findet. Offenbar ist er vor geraumer Zeit einmal dazu bereit gewesen, ein gewisses Risiko einzugehen, während er bei mir beschlossen hat, skeptisch zu bleiben.

Er macht im Allgemeinen kein großes Geheimnis daraus, wenn ihm etwas nicht mundet, was er auch schon den Dönerverkäufer bei uns um die Ecke wissen ließ. Dennoch: Während ich eher gut darin bin, mir den Pöbel auf Distanz zu halten, knüpft er innerhalb von Sekundenbruchteilen neue Kontakte, indem er auf Leute zugeht und ist, wie er eben ist. Erst vor Kurzem fiel mir auf, dass sich die Kassiererinnen bei uns im Supermarkt oftmals viel freundlicher und aufgestellter zeigen, wenn wir gemeinsam einkaufen gehen, als wenn ich allein unterwegs bin. Dasselbe gilt auch in Bezug auf die Mitarbeiter in der erwähnten Fastfood-Bude. Die Begrüßung fällt etwas verhaltener aus, wenn ich solo vorbeispaziere, und sein Döner ist im Gegensatz zu meinem öfters mit einem Herzchen auf der Verpackung verziert. Trotzdem kann seine unverfrorene Ehrlichkeit in gewissen Situationen auch für rote Köpfe sorgen. Zum Beispiel, als meine ältere Schwester zu Weihnachten stolz ihr exotisches Süppchen präsentierte. Es ist nicht die Tatsache, dass er mitteilt, dass ihm etwas nicht schmeckt, sondern vielmehr, wie er dies zum Ausdruck bringt. Aus seinem Tonfall könnte man leicht schließen, dass er die Mühe der gastgebenden Person nicht wertschätzt. Mundet ihm etwas nicht, neigt er dazu, seinen Mund zu verziehen und seinen Körper zu schütteln wie ein räudiger Hund. Ich habe ihn schon mehrmals darum gebeten, etwas mehr Diskretion walten zu lassen, aber er meint dann immer: „Ich kann nicht anders, das passiert automatisch!" Na ja, das sage ich manchmal auch, wenn einer meiner Affen mal wieder nicht so viel Glück beim Denken hat. Passiert halt manchmal automatisch.

Was er leider gar nicht mag, ist Käse. Nichts Asperger-Typisches, aber schade ist es allemal, denn ich liebe Käse. So sehr, dass ich in der Vergangenheit immer wieder versucht habe, ihm etwas davon unterzujubeln mit der Hoffnung, es könnte ihm vielleicht irgendwann doch noch schmecken. Bisher war ich ein einziges Mal erfolgreich damit. Allerdings ist es mit dem Käse ja auch so eine Sache: Wenn ich früher eine Pizza belegt habe, musste ich den Mozzarella immer weglassen, aß er jedoch im Restaurant dasselbige oder bestellte es beim Kurier, so verlor er kein Wort darüber.

Was er wiederum mag, sind Würstchen. Er mag sie nicht nur, sondern gab den Würstchen im Schlafrock in jener Nacht eine neue Bedeutung. Es war eine dieser Nächte, in welchen er in seinem eigenen „Schlafrock" aufstand, um angeblich die Toilette aufzusuchen. Offensichtlich entschied er sich zudem dazu, sich die übriggebliebenen Würstchen vom Nachtessen aufzuwärmen und auch zu verspeisen. Obwohl er sich später nicht mehr daran erinnern konnte, sprach sein Atem Bände. Dieser war mein persönlicher Beweis für seinen Mitternachtssnack. Und genau diesen Beweis legte ich ihm morgens vor, als er leicht entsetzt meinte: „Jemand hat nachts meine Würstchen gegessen!" Was er allerdings noch mehr liebt als Würstchen, sind Süßigkeiten und Naschereien jeglicher Art. Er hatte eine Zeit lang die unrühmliche Angewohnheit, regelmäßig nachts aufzustehen, um eine Raschelodyssee mit Haribo und Co. zu starten. Manchmal fand ich noch Tage später Überreste seines nächtlichen Treibens: Nutella-Spuren am Lichtschalter, Nüsschen am Boden oder Gummibärchen im Bart. Da der Bauch mit der Zeit etwas größer und der Cannabiskonsum etwas kleiner wurde, sind die Naschereien – der Bikinifigur zuliebe – etwas weniger geworden. Ob es sich bei der Tatsache, dass die Süßigkeiten trotz notorischer Unruhe plötzlich begannen, anzusetzen, um eine Alterserscheinung oder die Nebenwirkung gewisser Medikamente handelte, das weiß wohl nur der liebe Haribo-Gott. Womöglich ist es eine Mischung aus allem: Alter, neue Medikamente und Nascherei.

Während meiner Tätigkeit im sozialpsychiatrischen Berufsfeld hatten viele Klientinnen und Klienten mit Adipositas zu kämpfen. Einige Psychopharmaka sind dafür bekannt, entweder für Gewichtszunahme und Appetitsteigerung oder Appetitlosigkeit auf der anderen Seite zu sorgen. Ritalin ist beispielsweise eher appetithemmend. Als mein Mann noch regelmäßig Ritalin eingenommen hat, war er im Vergleich zu heute spindeldürr.

Ich kann diejenigen Menschen, die unter den verschiedensten Nebenwirkungen eines Medikamentes leiden und deshalb mit dessen Einnahme hadern, verstehen. Es war auch im Wohnhaus ein ständiges Dilemma. Hat jemand eine Tablette verweigert, so konnte es sein, dass die Person im Anschluss beispielsweise ihren Körper wieder besser gespürt hat, dafür jedoch über kurz oder lang psychotisch wurde, im Stechschritt durchs Haus gerauscht ist und die Bewohnerschaft terrorisiert hat. Eine Dame bleibt mir besonders in Erinnerung. Sie konnte die gutmütigste, aber traurigste und ängstlichste Frau der Welt sein, weil sie ihren Körper nicht mehr richtig spürte und über ständige Müdigkeit klagte. Nahm sie weniger oder gar keine Psychopharmaka mehr zu sich, weil sie der Meinung war, ein Glas Wein täte es auch, mutierte sie nach geraumer Zeit zu einem energischen kleinen Diktator. Ich weiß noch, wie sie einst in einer besonders angetriebenen und „bissigen" Phase zu mir meinte: „Kein Wunder, hat sich deine Mutter umgebracht, bei so einer Tochter!" By the way, meine Mutter hat sich nicht umgebracht, ein Bastard namens Hirntumor hat das für sie übernommen. Nicht bei allen Menschen kann und konnte eine ideale Einstellung der Medikamente erzielt werden. Mit „ideal" meine ich die Verschreibung und Dosierung von Medikamenten, die Symptome, welche einem selbst oder dem Umfeld etwaigen Schaden zufügen, lindern und gleichzeitig keine Lebensqualität mindernden Nebenwirkungen verursachen. Solche, welche die Person zwar ertragbarer für ihre Mitmenschen machen mögen, weil sie beispielsweise eine sedierende Wirkung haben, aber die Person selbst nicht mehr wie sich selbst fühlen lassen.

Es werden immer weniger, aber auch mein Mann nimmt regelmäßig Medikamente ein und auch er hat immer wieder mit Nebenwirkungen zu kämpfen, die ihm mal mehr, mal weniger zusetzen. Im Alltag vergesse ich manchmal, dass es Situationen gibt, in denen wohl schlicht und einfach die Wirkung beziehungsweise Nebenwirkung einer Medikamenteneinnahme sichtbar wird. Etwa dann, wenn er morgens Mühe hat, in die Gänge zu kommen, er unter Übelkeit und Verdauungsproblemen leidet wie eine Frau in Erwartung oder es ihm wie erwähnt an Appetit fehlt. Ich denke, es ist wichtig, sich als außenstehende Person dessen bewusst zu sein, dass Medikamente bei tiefgreifenden psychischen Problemen – wie dies bei körperlichen Gebrechen ja auch der Fall ist – durchaus eine hilfreiche Linderung im unterstützenden Sinn bieten können. Es darf jedoch gleichzeitig nicht vergessen werden, dass eine ideale Einstellung kein Zuckerschlecken ist und manche Menschen stark unter den Nebenwirkungen leiden, weil sie beispielsweise zu hoch dosierte Medikamente verschrieben bekommen haben oder gewisse Inhaltsstoffe nicht gut vertragen. Genauso bewusst sollte man sich in diesem Zusammenhang auch darüber sein, dass nicht alle Menschen deshalb übergewichtig sind, weil sie zum Frühstück einen Elefanten verspeisen, sondern weil sie zum Beispiel ein Medikament einnehmen, das einen entsprechenden Beitrag dazu leistet.

Ich komme nun von den Pillen wieder zurück zu den Erbsen. Ich freue mich jedes Mal für ihn, für mich und für uns, wenn es möglich ist, gemeinsame Abendessen durchzuführen, bei denen er nicht schon nach dem ersten Bissen satt ist. Es ist immer wieder schön mitanzusehen, wenn er Appetit hat. Appetit auf das Essen und Appetit auf das Leben. Mittlerweile probiert er praktisch alles, was ich ihm auftische, und das meiste schmeckt ihm auch.

Eines schönen Tages war es dann so weit. Ich hatte mir im Restaurant die Reste des bestellten Flammkuchens einpacken lassen. Als ich nach Hause gekommen bin, habe ich ihm davon erzählt, wie unglaublich lecker dieser Flammkuchen doch geschmeckt hätte und dass er unbedingt davon versuchen müsste. Dass es sich bei einer der Zutaten um Käse handelte, verheimlichte ich ihm hinterlistig. Ich hatte ihn schließlich mit den Jalapeños, die ebenfalls zum Belag gehörten, denn scharfes Essen war etwas, das er zwar nicht gut vertrug, aber gerne mochte. Wenig später hat er dann schließlich tatsächlich genüsslich ein Stück von den Resten meines Restaurantbesuches verdrückt. Und siehe da, die unbekannte mitgebrachte Speise schmeckte ihm. Sie schmeckte ihm genauso gut, wie es dem Affen in meinem Kopf schmeckte, der sich gerade in Fondue badend auf die Schulter klopfte. Mission „Käse" war erfolgreich. Der Cheddarkäse hatte unter oder besser gesagt über dem Deckmantel des Flammkuchens fast wie ein trojanisches Pferd seinen Weg in den Magen meines Mannes gefunden. Manchmal ist eben doch nicht alles Wurst.

Des Teufels kleiner Bruder

Häufig nehme ich zumindest auf emotionaler Ebene viel mehr wahr als Applejack. Womöglich liegt es daran, dass er autistisch ist und ich hochsensibel bin, muss es aber nicht. Gut möglich, dass ich hie und da auch etwas zu viel wahrnehme. Ich denke zwar nicht, dass mich mein Bauchgefühl allzu oft täuscht, aber während ich manchmal vor meinem geistigen Auge den Teufel an die Wand male, thront da in Wahrheit vielleicht „nur" sein kleiner Bruder.

Im Umgang mit meinem Mann erlebe ich die Menschen in meinem Umfeld grundsätzlich bemüht. Trotz der ein oder anderen Irritation versuchen sie, ihm freundlich und verständnisvoll zu begegnen. Die einen scheinen sich schwerer, die anderen leichter damit zu tun. Es ist kein Geheimnis, dass wenn meinem Mann etwas in den Sinn kommt, er es oftmals einfach raushaut wie eine Tischbombe die Partyhütchen. Er ist weder bekannt dafür, dezent zu sein, noch, vorher abgeschätzt zu haben, ob es gerade der richtige Moment und die optimale Art und Weise für eine Mitteilung ist. Trotz der allgemein vorherrschenden Bemühtheit bleiben mir als hochsensible Person weder die Unter- noch die Zwischentöne in den Aussagen und Blicken der anderen verborgen. Ich bemerke in solchen Momenten alles, sowohl das Verbale als auch das Nonverbale. Ob ich es jeweils richtig deute, sei mal dahingestellt. Während ihm hie und da nicht einmal aufzufallen scheint, dass gerade niemand auf seine Äußerungen eingeht, mache ich gute Miene zum „bösen" Spiel, während mir dieser gewisse Grad an Ignoranz der anderen, im Herzen wehtut. Mir fällt jedes Urteil in einem noch so neutralen Gesicht auf, jedes Genervtsein in nervenbewahrenden Visagen, jede Verärgerung in vermeintlicher Gelassenheit und jedes Desinteresse in einer Frage. Es ist nicht so, dass ich es nicht nachvollziehen könnte, aber es tut mir trotzdem weh. Es fühlt sich dann so an, als würde man seinen Wert weder erkennen können noch erkennen wollen, während er für mich mehr wiegt als alle Goldbarren dieser Welt zusammen. Am liebsten würde ich dann rufen: „Hey, das, was ihr seht, ist nicht einmal die Hälfte von dem, was wirklich ist!" Manchmal kommt es mir so vor, als würden die Menschen zwar um sein Anderssein wissen und dieses auch akzeptieren, und dennoch fühlt es sich regelmäßig so an, als hätte es nicht wirklich Platz. Man möchte lieber anders mit anderen über anderes sprechen. An solchen Abenden kann es passieren, dass ich auf einmal das sonderbare, auffällige Kind und nicht mehr den erwachsenen Mann sehe, den ich liebe. Es ist, als würde ich den ganzen unausgesprochenen Gegenwind spüren und sei es in noch so kleinem Maße. Meine Liebe hält dagegen, aber es fegt mich fast vom Stuhl. Auf einmal habe ich Gedanken und Gefühle, die ich nicht habe, wenn wir zu zweit oder unter „unseresgleichen" sind. Damit meine ich, dass – wenn man sich in einem Umfeld bewegt, in welchem alle selbst eine bewegte Vergangenheit haben, die bis ins Hier und Jetzt greift – es viel normaler ist, offen über psychische Gesundheit und deren Einfluss auf das eigene Leben zu sprechen, als wenn man Menschen um sich hat, die sich lieber über den nächsten Brunch oder Politik unterhalten. Versteht mich nicht falsch, es ist beides absolut ok. Man muss keine Probleme schaffen, wo keine Probleme sind, und man muss auch niemanden dazu zwingen, über eventuelle Probleme zu sprechen. Ich will damit nur sagen, dass es für eine Person wie meinen Mann schwierig ist, in einem solchen Umfeld zu bestehen, weil es schier unmöglich für ihn ist nicht aufzufallen, während er dies unter „seinesgleichen" natürlich viel weniger tut. Mich lässt der Gedanke nicht los, dass manche Menschen nicht sonderlich viel Lust darauf haben, sich so mit ihm zu unterhalten, dass sie sein Wesen wirklich verstehen. Ich bin seine Art und Weise der Existenz inzwischen so gewöhnt, dass mir manchmal erst wieder auffällt, dass er auffällt, wenn er auffällt. Wie soll ich es sagen? Er hat eine nicht immer sehr einladende Form, sich zu äußern, manchmal etwas zu nüchtern, manchmal etwas zu überzogen. Eine Kommunikationsart, welche gewisse Leute nur minimal dazu anregt, sich auf ein Gespräch mit ihm einzulassen. Ihre Reaktion fällt meist knapp aus, während er unerschrocken ausführlich bleibt, wofür ich ihn übrigens liebe, auch wenn solche Situationen für mich nicht einfach auszuhalten sind. Man wünscht sich in der Regel einen Partner oder eine Partnerin, der beziehungsweise die von Familie, Freunden und bestenfalls auch dem Fußvolk gemocht wird, dessen beziehungsweise deren Anwesenheit als angenehm empfunden und mit dem oder der sich gerne unterhalten wird. Ich wünsche mir ein Sympathisieren und Interessieren statt „nur" eines Tolerierens und Akzeptierens, denn darin besteht ein Unterschied, der zwar nicht ihm, aber sicherlich mir auffällt. Anfangs fiel es mir sehr schwer, anzunehmen, dass ich darauf keinen Einfluss habe. Natürlich kann man Verständnis schaffen, indem man seinem Umfeld erklärt, wieso sich in meinem Fall der Partner verhält, wie er sich eben verhält. Man kann Diagnosen benennen und diese ausführen. Verstehen können heißt aber nicht automatisch, jemanden auch zu mögen, denn Verständnis ist nicht gleich Sympathie. Und Letzteres hat nun mal einen erheblichen Einfluss darauf, aus welchen Augen man einen Menschen betrachtet und wie man sich auf seine Person einlassen kann oder besser gesagt möchte. Lange Zeit hatte ich bei diversen Anlässen stets das Gefühl, ich müsste ihm aufzeigen, wie man sich „angemessen" (sprich möglichst unauffällig) verhält – so wie es meine Eltern früher getan haben – indem ich ihm entsprechende Rückmeldungen gegeben habe. Meist saß ich zuvor angespannt an meinem Platz und habe versucht, mich nicht zu erschrecken, wenn er beispielsweise wieder einmal mitten in der Erzählsituation von jemand anderem laut begonnen hat zu lachen, weil ihm gerade etwas vermeintlich dazu Passendes aus seinem Leben in den Sinn gekommen ist. Ich habe versucht, die Blicke der anderen auszuhalten, bei denen es bis heute stets etwas unklar bleibt, ob sie nun eher Irritation oder Genervtsein widerspiegeln. Ich habe die Szenarien also angespannt ausgehalten, nur um ihm zu einem späteren Zeitpunkt einen Rüffel zu erteilen à la: „Sag mal, könntest du nicht etwas leiser sprechen?", „Merkst du nicht, dass gerade nicht der richtige Zeitpunkt ist, dich einzubringen?", „Fällt dir nicht auf, dass du zu lange Monologe führst?" oder „Findest du es nicht unhöflich, mehr von dir zu erzählen, als dass du deinem Gegenüber Fragen stellst?" In etwa so tönte es aus meinem überforderten Munde. Mittlerweile bin ich zur Erkenntnis gekommen: Nein! Merkt er nicht, fällt ihm nicht auf und empfindet er nicht so. Nun muss man sich einmal vorstellen, wie eine Person, die ihr Leben lang mit ihrer Andersartigkeit, die niemals als Besonderheit angesehen werden konnte, konfrontiert wurde, auch im Erwachsenenalter stets aufs Neue damit konfrontiert wird. Was geschieht dann? Die Person fühlt sich nie richtig, weil sie immer zu viel oder zu wenig ist und das, obwohl sie ihr Bestes gibt. Ich habe eine ganze Weile und unzählige Gespräche gebraucht, um mir darüber bewusst zu werden, dass er zwar nicht im Rahmen von unseren, aber in demjenigen seiner Möglichkeiten tatsächlich sein Bestes gibt. Weshalb? Jedes Mal, wenn ich ihn erneut mit bestimmten Verhaltensweisen, die vielleicht etwas unkonventionell waren, aber niemanden erdolcht haben, konfrontierte, ist es ihm danach psychisch schlecht gegangen. Weder nimmt er es bis heute selbst wahr, wenn er sich in manchen Augen vielleicht nicht ganz gesellschaftstauglich verhält, noch nützt ihm dieses Wissen sonderlich viel, weil er es genauso wenig kontrollieren kann wie ein Blähbauch die Fürze. Und mir ist inzwischen klar, er muss es auch nicht. Er muss nicht so sein, damit ich oder andere sich besser fühlen. Ich möchte nicht, dass der Mann, den ich liebe, sich jedes Mal beschämt, traurig, wütend und frustriert zugleich fühlt, weil ich ihm beispielsweise vorwerfe, dass er zu wenig Interesse an seinem Gegenüber zeigt. So, wie er schon sein Leben lang darum bemüht ist, sich in eine Gesellschaft einzufügen, die in etwa so gut zu ihm passt wie ein schlechtsitzendes Paar Schuhe, so bemühe auch ich mich stark darum, derjenige Teil der Gesellschaft zu sein, der nicht sein Verhalten, sondern meinen eigenen Umgang damit zu kontrollieren versucht. Somit hocke ich mittlerweile zwar immer noch mit einer gewissen Anspannung auf meinem Stuhl, wenn das nächste Verwandtschaftstreffen über die Bühne geht, aber es handelt sich dabei um kein angespanntes Aushalten mehr, sondern um ein gespanntes Danebensitzen. Es ist wichtig, zu verstehen, dass ich weder automatisch so bin noch automatisch so sein kann. Es ist ein immenser Lernprozess, mich davon zu lösen, was andere von mir, ihm oder uns denken könnten. Es ist deshalb anstrengend, weil ich durch meinen Spektronauten unausweichlich damit konfrontiert werde und es zudem leider nicht dem entspricht, was mir einst mitgegeben wurde. Sich anständig und angepasst zu verhalten, so lauten diejenigen Tugenden, die mir in die Wiege gelegt wurden. Tugenden, mit denen ich zwar aufgewachsen bin, denen ich aber entwachsen möchte. Es kostet mich entsprechend Zeit und Energie, der Schnappatmung zu entfliehen, wenn mein Mann sein Bestes zum Besten gibt und ich wieder einmal glaube, genervte, verurteilende und gelangweilte Gesichter zu erhaschen, obwohl es hie und da möglicherweise mein eigener projizierender Blick ist. Dennoch versuche ich in diesen Momenten, anstatt meine Zunge gegen den Gaumen zu pressen und die Schultern bis zur nächsten Quellwolke hochzuziehen, tief in meinen Bauch zu atmen und den Affen, der mit dem Mahnfinger bereitsteht, dorthin mitzunehmen.

Don't Stop Me Now...

... denn ich habe etwas zu sagen. Einmal mehr möchte ich auf hohem Niveau das Jammertal betreten. Dieses Mal nehme ich jedoch Freddie Mercury samt Band mit auf meine Reise.

Man sollte keine Erwartungen haben, ließ ich mir einst sagen, und ärgere mich trotzdem, wenn sich meine Vorfreude im Restaurant auf den ersten Biss hin nicht bestätigt. Man will eben keinen Käse, wenn man Schokolade bestellt hat. Ein besonders dankbarer Mensch würde sich vielleicht über die servierte Alternative freuen, doch ich wüsste die Löcher im schweizerischen Aushängeschild ebenso wenig zu schätzen wie diejenigen in den Schuhen meines Mannes. Et voilà, ich komme langsam auf den Punkt oder besser gesagt nach Montreux, denn dort hatte es uns einst für zwei Tage hin verschlagen. Ich hatte Wasser erwartet und einen See bekommen. Ich hatte Berge auf dem Radar, um schließlich landschaftliche Busen in den unterschiedlichsten Formen zu erspähen. Nicht zuletzt hatte ich mich zudem auf einen Rockstar gefreut und vor Ort Freddie Mercury als Statue den Hintern tätscheln können. Eigentlich hätte das ausreichen können, um in Glückseligkeit zu baden. Nur ist es so: *„I Want It All"*. Ich möchte nicht nur eine besonders gute Aussicht auf Wasser, Brüste und Hintern erhaschen, sondern auch auf alle vier Hotelsterne, die ich gebucht und bezahlt habe. Ich erwartete ein mit filigranen Gürkchen und lieblichen Kapern dekoriertes Tatar und nicht den als Spiegelei verkleideten Fleischmond, welchen ich tatsächlich serviert bekommen habe. *„It's A Hard Life"*, dachte sich wahrscheinlich auch das Rind, das einst sein Leben für meinen heiklen Gaumen hatte lassen müssen. Ich bin noch nicht am Ende meiner Ernährungsreflexion angelangt, greife mittlerweile jedoch immer weniger auf Fleisch zurück und kann auch den Verzehr von anderen tierischen Produkten nicht mehr erfolgreich mit meinem Seelenfrieden vereinbaren. Dazumal dachte ich mir jedoch noch *„Who Wants To Live Forever"*, als ich während unserer Anreise zunächst in völliger Dankbarkeit das ansonsten kostenpflichtige Bahnhofsklo gratis benutzen konnte, nur um wenig später festzustellen, dass ich die blutverschmierte Türklinke übersehen und mit meinen Patschhändchen voll reingelangt hatte. Vielleicht möchte ich zwar nicht für immer leben, aber es soll in absehbarer Zukunft auch nicht heißen *„Another One Bites The Dust"*. Also lieber etwas in die Höhe als auf dem Boden der Tatsachen das letzte Mal durch mein Nasenloch pfeifen. So ein Hotelbalkon war mit Bestimmtheit ein sicherer Ort, wagte ich zu erwarten. Das war, bevor ich den Spalt zwischen Mauer und Geländer entdeckte. Er war größer als derjenige in der Duschkabine und ein schmalgliedriger Dreikäsehoch hätte bestimmt hindurchflutschen können. An dieser Stelle war ich froh, dass ich zwar noch immer ein Dreikäsehoch, jedoch nicht mehr sonderlich schmalgliedrig war und wir uns außerdem am zweiten Abend dazu entschieden hatten, die fabelhafte Aussicht von unserem Hotelzimmer aus mit Fastfood zu zelebrieren. Dadurch sanken automatisch die Chancen, von den starken Böen über das Geländer oder eben durch den erwähnten Spalt gezogen zu werden, denn schon Freddie wusste, *„Fat Bottomed Girls"* passen da nicht durch, ob meine hinteren zwei „Gesäß-Brötchen" nun vom McDonald's herrührten oder nicht. Jedenfalls konnte ich – auf meinen „Brötchen" sitzend – zu den Bötchen auf dem See kucken, wobei mein Blick schließlich zurück auf den Balkon und hin zu den fast so großen Tretern meines Mannes wanderte. Ich hatte nicht erwartet, dass das einzige Paar Schuhe, das er mit auf Reisen nahm, aussehen würde wie ein Schweizer Käse. Er verstand das Ausmaß meiner Empörung nicht ganz. Laut seiner Ansicht schaute ihm – abgesehen von mir – niemand auf die Füße, also zeugte es für ihn auch nicht von Relevanz, diese hübsch einzupacken. „Hauptsache bequem!" war sein Motto. Womöglich verwechselte er dabei bequem mit kaputt. Ich wurde mir nochmals darüber bewusst, dass die gelegentlich auftretenden Momente, in denen er sich schick kleidete und den Bart von der Blumenwiese befreite, eher von seiner Befindlichkeit als von einem Anlass oder

der Anzahl der Hotelsterne abhängig waren. Wir hätten eine Audienz bei Prinzessin Lillifee haben können und trotz dieses „A Kind Of Magic" hätte mindestens eine seiner Zehen laut geschrien: „I Want To Break Free." Beinahe eine kleine Ehekrise hatten wir da, in der zwölften Etage unseres Hotels. Dort, wo ihm wahrlich nur die Möwen auf die Füße ka... ähm ... schauen konnten. Meinungsverschiedenheiten hin oder her, es musste neues Schuhwerk gekauft werden. Im Laden gab es ungefähr ein einziges Paar Sneakers in seiner Größe. Glücklicherweise passten diese nicht nur optisch, sondern entsprachen auch weitgehend seinem Bequemlichkeitsmotto. Er verstand meinen Anflug von Empörung noch immer nicht und ich verstand nicht, dass er nicht verstand. So ist das eben manchmal, wenn zwei Welten aufeinanderprallen.

Jetzt fühle ich mich aber zum Ende hin doch noch etwas „Under Pressure", das Positive unseres Urlaubes hervorzuheben, denn wer ins Jammertal abtaucht, muss auch das Jubelhorn besteigen können. So lasset mich fortfahren: Wir hatten vom Hotel eine Flasche Wein als Geschenk offeriert bekommen (Ehre, wem Ehre gebührt), das zumindest von außen besichtigte Schloss war ebenso schön wie der Spaziergang dorthin. Dieser zog sich an einer nicht enden wollenden blumigen Uferpromenade entlang. Die Aussicht von unserem Zimmer war wie bereits erwähnt grandios und das Wetter spielte ebenfalls meist mit. Die neuen Schuhe meines Mannes waren toll und vor allem löcherfrei. Der See war toll, der Souvenirladen war toll, McDonald's war toll. Toll, toller, am tollsten. Da mir von Freddie jedoch auch einmal zugetragen wurde: „Keep Yourself Alive", möchte ich es mit meinen Liebesbekundungen an unseren Kurztrip nun nicht übertreiben, denn ich höre es durch die Löcher der alten Schuhe meines Mannes flüstern: „Too Much Love Will Kill You!"

Quatsch mit Sauce

Unabhängig vom genauen Zeitpunkt, an dem ich das erste Mal aus meiner Mutter gelugt hatte, war heute, zumindest was das Datum anbelangte, seit Mitternacht mein Geburtstag. Nach der Beurteilung meines Mannes hatte ich mein Wiegenfest allerdings erst nachmittags um circa 16.00 Uhr. Nur wusste ich davon noch nichts, als ich morgens meine Äuglein öffnete. Ich lag allein im Bett. Wie des Öfteren hatte er nachts vom Bett auf die Couch gewechselt. Manchmal tat er dies von sich aus, weil ihm gerade danach zumute war. Meistens jedoch schickte ich ihn aufgrund von lauten Atemgeräuschen und Sägegesang ins Wohnzimmer. Mittlerweile bin ich stolze Bauherrin und Eigentümerin eines Hochbettes. Seitdem die Konstruktion fertiggestellt wurde, schlafe ich nun jede Nacht ein paar Höhenmeter über ihm, was einen ziemlich großen Unterschied macht im Vergleich zu früher, als es nur wenige Zentimeter neben meinem Kopf laut getönt hat. Dazumal hätte es mir grundsätzlich nichts ausgemacht, mein Nachtlager im Störfall selbst auf das Sofa zu verlegen, allerdings hätte dies keinen Sinn gehabt, weil mein Mann mindestens einmal pro Nacht aufsteht, um entweder trinken, rauchen, snacken oder auf die Toilette zu gehen. Dabei hat er nie bemerkt, dass ich nicht mehr neben ihm lag, und folglich im Wohnzimmer, wo ich tatsächlich lag, fröhlich den Lichtschalter gedrückt. Das Gezeter meinerseits war jeweils groß.

Jedenfalls lag ich so da und wartete freudig darauf, dass er ins Zimmer kommen und mir gratulieren würde. Ich wartete nicht nur freudig, sondern auch mit engelsgleicher Geduld. Als jedoch nach gefühlten drei Stunden immer noch kein Lebenszeichen von ihm zu sehen und hören war, wurde ich dann doch etwas übellauniger. Ich entschloss mich allerdings, meine Ursprungsvorstellung von einer liebevollen Gratulation im Schlafzimmer loszulassen und stattdessen einen Blick ins Wohnzimmer zu wagen. Er schlief nicht mehr. Er saß da und begrüßte mich so, wie er dies an jedem anderen Tag auch tat. Er machte dabei nicht einmal den Hauch von Anstalten, mir seine Glückwünsche auszusprechen. Meine Wut und Enttäuschung stiegen so schnell wie der Wasserspiegel, wenn sich Benjamin Blümchen mit in den Whirlpool setzen würde. Die Affen in meinem Kopf warfen sich in Rüstung und riefen zum Kampf auf. Abermals schaffte ich es jedoch, mich zusammenzureißen. „Gib ihm noch ein paar Minuten!", dachte ich mir. Ich durchlebte mehrere Zeitalter, bis schließlich tatsächlich folgender Satz von ihm kam: „Ach und übrigens, alles Gute zum Geburtstag!" Es kam mir so beiläufig und lieblos erwähnt vor wie die Nebenwirkungen auf einem Beipackzettel. Nun war es so weit und ich konnte meine Affen nicht mehr zurückhalten. Ich machte meinem Ärger Luft. Seine Reaktion war weder entschuldigend noch beruhte sie auf sonderlich viel Verständnis. Einerseits war mein Mann nämlich der Meinung, dass er doch nicht wissen könne, was ich an meinem Geburtstag von ihm erwarten würde, und dazu gehörte offenbar auch die Vorstellung einer herzlichen Gratulation und zwar subito. Andererseits fing für ihn mein Ehrentag erst nachmittags richtig an, weil er sich gemäß Plan erst dann um meinen Wunsch, bekocht zu werden, kümmern wollte. Ich hingegen hatte schlicht und einfach nicht damit gerechnet, dass es für ihn nicht selbstverständlich sein könnte, mir morgens als Erstes liebevoll zu gratulieren, da ich dies in vorherigen Beziehungen – gleichgültig, welcher Art – bisher immer so erlebt hatte. Ich hatte wieder einmal den menschlichen Fehler gemacht, davon auszugehen, dass bestimmte Handlungen für alle logisch und selbstverständlich seien. Es war kein Tag, an dem ich Lust darauf hatte, sonderlich viel Verantwortung zu übernehmen, und dazu gehörte auch, ihn an meinen Geburtstag erinnern zu müssen. Ich forderte ihn deshalb dazu auf, sich für das nächste Jahr einen Wecker zu stellen, mit dem Vermerk: „Frau hat Geburtstag. Liebevolle Gratulation wird einem Grunzen vorgezogen." Sein Kommentar dazu lautete, dass es trotz Erinnerung sein könne, dass er es wieder vergesse. Diese Aussage machte die Gesamtsituation natürlich nicht besser.

Im Gegenteil, die Affen griffen nun zu schweren Geschützen und zückten die Bazooka.

Bis zum heutigen Tag kann ich nicht immer all seine vollzogenen oder unterlassenen Handlungsschritte nachvollziehen. Dies fällt mir nicht leicht zu akzeptieren, da ich ein Mensch bin, der gerne versteht, was im anderen vorgeht. Mittlerweile kann ich es mir so erklären, dass in seinem Kopf zwar nicht wie bei mir eine Affengroßfamilie haust, dafür jedoch anderweitig Hochbetrieb herrscht. Schon oft hat er mir diesbezüglich mitgeteilt, wie schnell, anstrengend und unkontrollierbar sich sein Denken oftmals anfühle. Offenbar flitzten seine Gedanken so schnell und unkoordiniert durch sein Gehirn, dass selbst das immer wieder von Fachleuten empfohlene Aufschreiben von eigenen Denkprozessen eine immense Herausforderung für ihn darstellen würde. Es ist ein bisschen so, als würde man an einer Autobahn stehen, kaum hat man ein Fahrzeug gesehen, rasen schon die nächsten vorbei. Deshalb greift Applejack zur Entschleunigung nach wie vor lieber auf THC anstelle eines Kugelschreibers zurück. Wahrscheinlich sitzt mein Geburtstag durchaus in einem der vorbeiflitzenden Motorwagen, aber kaum hat er diesen erfasst, erscheint auf der Gegenspur schon das Auto mit dem winkenden Pony drin. Es bleibt also ein Restrisiko bestehen, dass er trotz Wecker im Bruchteil einer Sekunde wieder vergisst, dass ich Geburtstag habe, weil ständig neue Inhalte seine Synapsen zum Glühen bringen. Dass ich mit meiner Vermutung nicht gänzlich falsch liege, hat unter anderem ein Besuch des Geburtstagsfestes meiner Schwester gezeigt. Es handelte sich immerhin um einen runden Geburtstag, zu dem viele Gäste eingeladen waren. Man sollte meinen, dass der Anblick einer Festhütte einen nicht vergessen lassen kann, dass da gerade jemand Geburtstag feiert. Dennoch ertönte bei der Begrüßung meiner Schwester nicht automatisch ein „Happy Birthday!" von ihm. Erst als er mich dies sagen hörte, schien ihm wieder in den Sinn zu kommen, weshalb wir eigentlich hier waren.

Manchmal lebt er ganz einfach in seiner eigenen Welt mit ihren eigenen Gesetzgebungen und gemäß diesen begann mein Geburtstag nun mal nachmittags zur Teezeit oder eben erst dann, wenn sich der Gratulationsgedanke einen Weg durch seine Gehirnströme erkämpfen und in einer verbalen Botschaft münden konnte. Das Risiko einzugehen und darauf zu hoffen, dass sich mein offensichtlich nicht offensichtlicher Wunsch und seine dazu passende Handlung zur selben Zeit am selben Ort begegnen, entspricht einem nicht allzu hochdotierten Pokerspiel. Aus diesem Grund habe ich die Verantwortung für meinen Geburtstag im Folgejahr schließlich selbst in die Hand genommen, indem ich ihm detailliert aufgeschrieben habe, was ich mir wünsche. Die Folge davon war, dass er sich brav an alle Anweisungen versucht hat, zu halten, und sich auch den größten Stress nicht anmerken ließ. Leider hatte ich nicht mit mir selbst gerechnet, denn genau an diesem Abend hatte einer der tierischen Freunde in meinem Kopf die Idee, mit einer besonders empfindlichen und emotionalen Attitüde an meinem Geburtstagsessen zu erscheinen. Weshalb dem so war, weiß inzwischen niemand mehr, aber es lag jedenfalls nicht daran, dass mein Mann mir die selbstgemachten Fleischbällchen ohne Sauce servierte, ein Detail, das ich leider vergessen hatte, zu notieren. Es war ein Drama in drei Akten, welches erstens die ganzen Überlegungen von mir zu verhöhnen und mir aufzuzeigen schien, dass einem beim Planen immer das Leben dazwischenfunken konnte. Zweitens erstickte die Tragödie den extra durch Kommunikationskärtchen unterstützten Gesprächsfluss abrupt und drittens ertränkte sie die sehr leckeren, aber leider saucenlosen Fleischbällchen meines Mannes im Tränenmeer. Die Sauce, die ich auf meinem Zettel zu erwähnen vergaß, hatte ich nun als salzigen Ausbruch meiner selbst. Den Quatsch dazu leider jedoch genauso. Halt eben: Quatsch mit Sauce.

Spinnen kann man auch ohne Diagnose

Wenn ich mit anderen über meine Beziehung spreche, fallen deutlich häufiger Sätze wie „Das muss schwierig für dich sein!" als „Das muss schwierig für ihn sein!". Ich werde automatisch als die gesunde und er als die problembehaftete Person betrachtet. Viele vergessen dabei: Spinnen kann man auch ohne Diagnose! Ich spreche in diesem Zusammenhang die Affen in meinem Kopf an. Auch wenn ich ihnen keine Namen gegeben habe, gelingt es mir mittlerweile, sie mit liebevollem, gnädigem Blick zu betrachten. Als Affen in meinem Kopf bezeichne ich auch Persönlichkeitsanteile, die nicht unbedingt meine charmantesten Seiten zum Ausdruck bringen. Einige Affen haben einen starken Hang zum Drama und baden so gerne in Melancholie, dass man glauben könnte, Shakespeare würde demnächst wieder auferstehen. Andere wiederum sind kleine Rumpelstilzchen, bei denen ein hochroter Kopf zum täglichen Dresscode gehört. Dann gibt es da auch noch die hochsensiblen Tierchen mit dem Talent, manchmal Dinge zu sehen, die gar nicht existieren, oder derjenige Affe, der eigentlich keine Menschen mag, aber trotzdem Sozialarbeiter(in) geworden ist. Ich habe früh gelernt, meine tierischen Freunde im Zaum zu halten. So war es mir meist möglich, mich anzupassen und nur minimal auffällig heranzuwachsen. Einige der Affen musste ich dafür wohl oder übel in Tarnanzüge quetschen oder unter Arrest stellen, was ihnen natürlich nicht gepasst hat. Die Folge davon war eine rasante Vermehrung, wodurch ein kontrollierter Umgang mit ihnen zunehmend schwieriger wurde. Hätte ich ihnen mal früher mehr Beachtung geschenkt. Doch selbst wenn ich unseren tierischen Verwandten heute von Zeit zu Zeit ungeniert Auslauf gewähre, scheint es, als wären die Leute mit ihnen vertrauter als mit den Verhaltensweisen meines Mannes. Meine „Auffälligkeiten" sind offenbar weniger stark normabweichend und somit gesellschaftstauglicher.

Manchmal denke ich mir, dass Applejack und ich gar nicht so unkonventionell sind und das Geschilderte einigen womöglich bekannt vorkommen mag. Letztendlich ist es wohl mehr die Kombination von uns beiden, welche die Beziehung etwas herausfordernd und außergewöhnlich erscheinen lässt. Wir können weder behaupten, dass wir uns total ähnlich sind, noch, dass wir uns besonders gut ergänzen. Beide sind wir eher launisch und haben den Hang zu depressiven Verstimmungen. Dies führt dazu, dass wir manchmal gleichzeitig mit der Ausstrahlung eines toten Fisches nebeneinander durch die Gegend watscheln. Ich ärgere mich dann darüber, dass er ein so ernstes Gesicht macht, hinterfrage unsere Komptabilität und überlege, wie ich es schaffen könnte, mich nicht ständig von seiner Stimmung beeinflussen zu lassen. All dies und noch viel mehr geht in meinem Kopf vor, während er sich wohl gerade überlegt, in welchem Paralleluniversum mir bereits Haare auf den Zähnen gewachsen sind.

Auch wenn ich nach außen hin einen recht vernünftigen Eindruck mache, sollte fairerweise gesagt werden: Nirgendwo bin ich so ungehemmt ich selbst wie in meiner Partnerschaft. In jeder anderen Beziehung schaffe ich es grundsätzlich, meine vorbestraften Affen an der Leine zu behalten. Durch diese Fähigkeit wurde ich in der Vergangenheit jedoch auch öfters etwas falsch eingeschätzt. Gerade im beruflichen Kontext konnte ich einen äußerst besonnenen, ruhigen und klaren Umgang mit Klientinnen und Klienten an den Tag legen. Ich muss teilweise einen derart tiefenentspannten Eindruck gemacht haben, dass mich eine ehemalige Bewohnerin immer mit „Buddha" angesprochen hat. Dass ich auch wütend und emotional werden kann, schien für manche fernab des Möglichen zu sein. Natürlich ist das ruhige, klare und besonnene Wesen ein Teil von mir, aber es täuscht hie und da vielleicht etwas zu stark über mein reges Seelenleben hinweg. Ich bin ein sehr emotionaler Mensch, aber wenn ich meine Gefühle zum Ausdruck bringe, dann wurden sie oft schon einer Reihe von Reflexionen unterzogen und verlassen anschließend offenbar etwas abgeklärt und gar nicht mehr so lebendig meinen Mund. Einzige Ausnahme: in der Partnerschaft. Wenn man viel Zeit miteinander verbringt und bestimmte Triggerpunkte oft gedrückt werden, fehlt zumindest mir manchmal der nötige Abstand, um den Affen beruhigend zuzureden, ehe sie losstürmen. In solchen zum Glück immer seltener auftretenden Momenten muss mein Mann damit klarkommen, dass ich plötzlich blockiert bin und nicht mehr mit ihm sprechen kann, zum wiederholten Mal meine Bedeutung für ihn hinterfrage, in Tränen ausbreche, wenn seine Mundwinkel nicht den richtigen Neigegrad aufweisen, oder ihn ankeife, weil er mir zu laut atmet. Gerade für einen Menschen mit Autismus stellt es tendenziell eine große Herausforderung dar, Emotionen richtig zu erkennen und zu deuten. Ich weiß, wie anstrengend für ihn Gespräche über Gefühle – und davon habe ich reichlich – mitunter sein können. Entsprechend rechne ich es ihm hoch an, dass er immer wieder die Bereitschaft zeigt, sich diesen Herausforderungen zu stellen.

Wenn also die Leute wieder einmal meine Wenigkeit auf ein Podest heben und die seine in den Schatten stellen, wenn also von einem Ungleichgewicht zu meinem Nachteil ausgegangen wird, dann sitzt der vermeintliche Buddha da, streichelt sich den Bauch, lächelt selig vor sich hin und summt leise: „Ach wie gut, dass niemand weiß, dass ich Rumpelstilzchen heiß'!"

Tagsüber denke ich nicht so oft an dich

Es passierte in einer Phase, in der generell davon ausgegangen wird, dass sich die Verliebtheitsgefühle in Hochkonjunktur befinden und einem Schmetterlinge zu allen Poren rausfliegen. Ein mal kürzerer, mal längerer Zeitraum, der geprägt von Hormonen und einer Omnipräsenz im Denken an den neuen Schwarm ist. „Was heißt ‚omnipräsent'?", fragte er mich, als ich in ebenjener Phase zum Ausdruck brachte, wie oft meine Gedanken zurzeit um ihn kreisen. Nachdem ich ihm den genauen Wortlaut erklärt hatte, runzelte er die Stirn und meinte: „Das heißt, es gibt Emotionen, die bei dir über einen längeren Zeitraum mit einer hohen Intensität präsent sind? Das muss ja meeega anstrengend sein!" Ich musste schmunzeln und erwiderte, dass ich genau dasselbe über die große Wechselhaftigkeit hinsichtlich seines emotionalen Erlebens denke. Ich stelle es mir unglaublich anstrengend vor, tendenziell kein Gefühl länger halten zu können und stets von der einen Emotion zur nächsten zu springen. Dies wiederum konnte er nicht verneinen. Als wäre es das Normalste auf der Welt, fügte er hinzu: „Tagsüber denke ich eigentlich gar nicht so oft an dich!" Das war schwere Kost für meine verliebte Seele und ich konnte vor meinem inneren Auge sehen, wie einige Raupen ihren Transformationsprozess einstellten und die Schmetterlinge einen auf Benjamin Button machten. Es war einer dieser Sätze, die mich anfangs oft an seinen Gefühlen für mich zweifeln ließ, weil ich der gängigen Annahme war, dass man, wenn man frisch verliebt ist, schier pausenlos an die andere Person denken muss. Ich musste und wollte lernen, dass dies zwar Teil seiner anders geformten Denkweise, aber keineswegs ein Indiz für unzureichende Gefühle oder gar unaufrichtige Liebe war. Die Tatsache, dass er beinahe im gleichen Atemzug verriet: „Aber wenn ich an dich denke, dann zaubert mir das jedes Mal ein Lächeln auf die Lippen und ein Kribbeln in den Bauch!", führte dazu, dass sich einer meiner Affen beruhigt die rosarote Brille wieder aufsetzte und die Raupen dazu anwies, sich weiter zu verpuppen.

Dennoch ist es eine unumstrittene Tatsache, dass er lange Zeit auf der Befindlichkeitsebene viel schneller seine Stimmung beziehungsweise sein Verhalten geändert hat, als ich dies selbst getan oder zumindest gewagt hätte, zum Ausdruck zu bringen. Dies geschah teilweise sehr schnell und hing unter anderem mit seiner eingeschränkten Fähigkeit zur Selbstregulation zusammen. Damit einher geht seine vorwiegend autistisch geprägte Andersartigkeit im Denken und Wahrnehmen. Wie bei vielen Menschen im Spektrum ist immer etwas los in seinem Oberstübchen. Etwas, das laut seinen Aussagen nur schwer zu kontrollieren ist. Es sind Gedanken, die nicht stoppen wollen, manchmal ausgelöst durch bewusste, manchmal durch unbewusste Einflüsse. Nicht zuletzt hatte damals natürlich auch das Suchtmonster seine Hände mit im Spiel, denn der Medikamentenmissbrauch hat sich sicherlich nie positiv auf seine psychische Stabilität ausgewirkt. Die anfangs noch sehr stark ausgeprägte emotionale Instabilität und sein spärlicher Umgang damit haben immer wieder zu Situationen geführt, in denen ich von seinem Verhalten überrascht wurde, weil ich den „Fehler" gemacht hatte, davon auszugehen, dass er beispielsweise am nächsten Tag noch genauso von unserem letzten gemeinsamen Erlebnis zehren würde wie ich. Ich für meinen Teil kann und möchte grundsätzlich lange in einem Gefühl verweilen, wenn es mir auf eine positive Weise Befriedigung verschafft. Erlebten wir beispielsweise einen besonders schönen und innigen Abend zusammen, dann erschien ich am Tag darauf tendenziell liebestrunken, voller warmer Erinnerungen und mit Herzchen in den Augen bei unserem Wiedersehen. Unabhängig davon, was sonst gerade in meiner Welt passierte, zeigte sich dieses positive Liebesgefühl als eine Art Übermacht und stellte sämtliche „Bedrohungen" in den Schatten. Natürlich hat sich dies inzwischen etwas relativiert. Bei ihm war es jedoch schon immer umgekehrt. Andere „Bedrohungen" stellten seine Liebesgefühle in den Schatten. Mir hingegen war zeitweise sogar der gefürchtete Nachtdienst egal. Es war, wie es halt so ist,

wenn man frisch verliebt ist. Wenn ich dann wieder einmal lie-
bestoll und voller Endorphine daher geschwebt kam und er mich
mit monotoner Miene und steifer Körperhaltung umarmte, als
wäre ich ein Stein, fühlte sich dies für mich stets wie ein heftiger
Schlag in die Magengrube an. Die Seifenblasen zerplatzten und
die Schmetterlinge in meinem Bauch krochen zurück in ihren
Kokon. Noch schlimmer für mich war es, wenn er in schlechte-
ren Momenten damit begann, gemeinsame Erlebnisse aus besseren Momenten zu hinterfragen. Dies hatte zur Folge, dass ich
manchmal nicht mehr wusste, was ich glauben sollte, denn ich
hatte gefühlt nichts, auf das ich zählen konnte. Solche Situationen führten dazu, dass ich melancholisch wurde und mit einem
Hauch von Verzweiflung und philosophischer Dramatik zu sin-
nieren begann. So hört her, denn Ramona goes jetzt Shakespeare:
„Wenn da kaum Worte aus seinem Mund kommen, die sich
mit den meinen zu einem Dialog formen, wenn ich seinen Blick
nicht finde, weil er meine Augen nicht sucht, wenn beinahe keine Bewegung sichtbar ist, durch die für mich eine Berührung
spürbar wird, wenn seine Lippen mein Lächeln nur geringfügig
erwidern und sein Herz meine Freude nicht auf die gleiche Art
und Weise teilen kann, dann komme ich nicht umhin, mir die
Frage zu stellen: Wann werde ich wieder fliegen und wie lange wird es dieses Mal dauern, bis ich erneut falle? Werde ich jemals mit etwas umgehen können, mit dem ein Mensch eigentlich nicht umgehen kann, solange er Mensch bleibt?
Ich wäre gezwungen, mich vor jeder unserer Begegnungen
prophylaktisch zu entemotionalisieren, um nicht Gefahr zu laufen, mich von seinem womöglich distanzierten Verhalten verlet-
zen zu lassen, auch wenn ich jeweils keine Schuld an seiner Befindlichkeit tragen würde. Ich dürfte mich nie ohne Fallschirm
in die Höhe wagen, nie Luftsprünge ohne Netz und doppelten
Boden machen und nie darauf vertrauen, dass es morgen wieder
so sein wird, wie es gestern gewesen ist. Ich müsste Nüchternheit
erwarten, wenn ich mir Gefühle wünschte, und ich müsste mit
Emotionen rechnen, wenn ich mich auf Nüchternheit einstellte.
Ich müsste Distanz erwarten, wenn ich mich nach Nähe sehnte,

und ich müsste in Betracht ziehen, dass er mir Nähe gibt, wenn ich ihn für meinen Teil gerade nur aus der Ferne sehen könnte. Ich müsste mich vor jedem Treffen herunterfahren und neu starten. Ich müsste das passende Programm auswählen, obwohl ich im Vorherein nie wüsste, welches kompatibel mit seiner Befindlichkeit sein würde. Idealerweise müsste ich – anstatt dem Empfinden von vorbehaltsloser Freude – jederzeit die nötige Flexibilität aufweisen, mein Verhalten an seine Stimmung anzupassen, und bei Inkompatibilität die Fähigkeit besitzen, darüber zu stehen, darüber hinwegzusehen und darüber zu lächeln. Ich müsste stets ganz bei mir sein und ganz bei mir bleiben können.

Liebe ist jedoch kein rationales Gefühl und wenn ich rational bin, ist es mir nicht möglich, ihn vollkommen zu lieben. Deshalb, wenn ich also all das könnte, was ich können müsste, um mich nicht ab und an traurig und hilflos zu fühlen, so würde ich paradoxerweise von mir erwarten, ihn lieben zu können, ohne etwas zu fühlen, aber ohne Gefühle kann ich nicht lieben und ohne Liebe will ich nicht Mensch sein."

Eine der größten Herausforderungen besteht trotz erheblicher Fortschritte und Stabilisierung seinerseits im Umgang mit seiner unberechenbaren Befindlichkeit, worin der Sucht die größte Unberechenbarkeit innewohnt. Es ist allerdings auch etwas, das mich lehrt, mehr im Moment zu leben und meine Stimmung nicht von anderen Menschen abhängig zu machen. Als hochsensible Person stellt dies allerdings eine immense Herausforderung dar, die für mich anfangs kaum zu bewältigen schien. Letztendlich – Obacht, Ramona goes erneut Shakespeare – besteht die hohe Kunst, mit der Unberechenbarkeit umzugehen, darin, Skepsis zu haben, ohne pessimistisch zu sein, sich abzugrenzen, ohne abzustumpfen, Forderungen zu stellen, ohne zu überfordern, Rücksicht zu nehmen, ohne sich selbst gegenüber rücksichtslos zu sein, das Schwere anzunehmen, ohne die Leichtigkeit zu verlieren, Mitgefühl zu zeigen, ohne mitzuleiden, und Distanz zu schaffen, ohne sich zu entlieben. Es ist die Kunst, stets aufs Neue den Regenbogen inmitten von Sonne und Niederschlägen zu finden.

Wie die Hunde

Da wir am Anfang unserer Beziehung kaum Möglichkeiten hatten, bei ihm oder mir ungestörte Zweisamkeit zu verbringen, machte ich den Vorschlag, sich in einem Hotel zu treffen. Anfangs war er eher semibegeistert davon und ich musste ihm erst einmal erklären, dass ich nicht aus der Intention heraus handelte, mich auf ihn zu stürzen wie ein brünstiger Pavian. Ich legte es lediglich auf ein ungestörtes Kuscheln mit ein paar Kleidungsstücken weniger an. Daraufhin schien er so weit beruhigt zu sein und willigte in das Vorhaben ein. Eine anhaltende Nervosität ließ sich dennoch nicht verbergen. Das Szenario zeigte sich ihm als unbestimmte Gleichung. Er wusste nicht recht, was ihn erwartete und ob das, was ihn erwartete, gut war oder ihn womöglich angreifen könnte. Es war eine Zeit, in der er sich weder auf psychischer noch physischer Ebene sonderlich wohlgefühlt hat. Des Weiteren blickte er auf eine Reihe von sexuellen Erlebnissen zurück, die er nicht ausschließlich als positiv bewerten konnte. Er fühlte sich phasenweise unwohl mit und in seinem Körper, seiner Sexualität und seinem Geschlecht. Es gab sogar eine Zeit, in der er zumindest gedanklich zwischen einer männlichen und weiblichen Identität hin- und herpendelte wie ein Zug zwischen zwei Bahnhöfen (sein Wortlaut). Er erwähnte auch öfters, dass sich sein Kopf manchmal abgespalten vom Rest des Körpers anfühle. Unter diesen Umständen konnte ich mir gut vorstellen, dass sich Intimität für ihn nicht immer als Glückseligkeit zeigte. Eines hatten wir gemeinsam, wir hatten in sexueller Hinsicht früher beide oft einfach gehandelt, weil wir davon ausgingen, es sei normal und gehöre nun mal dazu. Wir hatten noch kein Verständnis, wie komplex und fragil das Thema „Sexualität" ist und, wie viele Möglichkeiten sich einem gleichzeitig dadurch bieten. Möglichkeiten, die man erst als solche erkennen können muss. Ein Faktor erschwerte ihm von Anfang an den Zugang zu sich und somit auch zu seiner Sexualität. Bis heute hat er Mühe, sich selbst und damit auch seine Bedürfnisse und Emotionen wahrzunehmen und entsprechend zum Ausdruck zu bringen. Dies hat in der Vergangenheit immer wieder zu Situationen geführt, in denen er bestimmte Dinge gemacht hat oder mit sich hat machen lassen, ohne sich dessen bewusst zu sein, ob er dafür überhaupt bereit ist. Ein gegenseitiger Austausch innerhalb der Beziehung und unter dem Einbezug verschiedener Bedürfnisse hat kaum je stattgefunden. Entsprechend dankbar war und ist er, dass ich ihm immer wieder zu verstehen gab, dass ich viel Wert darauf lege, dass sich unsere Beziehung und in diesem Zusammenhang auch unsere Sexualität für beide Seiten stimmig anfühle. Ich übte von Anfang an mit ihm, sich über sein Erleben zu äußern, und übte somit gleichzeitig auch für mich selbst. Noch nie bin ich so achtsam mit meiner Sexualität umgegangen und noch nie habe ich so schonungslos offene Gespräche geführt. Dabei spielte mir ein Aspekt auf besonders positive Art und Weise in die Karten. Ich hatte wie erwähnt, kurz vor unserem Zusammenfinden eine Ausbildung zur Sexologin begonnen. Dies hat mir einen völlig neuen Blickwinkel auf das Thema „Sexualität" eröffnet. Die fast schon simple Tatsache, dass eine zufriedenstellende Sexualität nicht einfach vom Himmel herab in die Wiege eines jeden Säuglings fällt, sondern im Prinzip ein Leben lang genauso lernbar ist wie das Fahrradfahren, hat mir unglaubliche Erleichterung gebracht. Eine Ära, geprägt von Frustration und dem Gefühl, defekt zu sein, war plötzlich beendet. Viel zu lange hatte ich geglaubt, Sexualität sei etwas, das einfach funktioniere oder eben nicht, und dass, wenn Letzteres der Fall sei, etwas mit dem Partner, der Beziehung oder einem selbst nicht stimme.

Natürlich hatte ich nun aber auch das Glück, einen Mann getroffen zu haben, der bis zum heutigen Tag eine zwar nicht immer gleich starke, aber konstante emotionale und sexuelle Anziehung auf mich ausübt. Somit herrschen sozusagen zum ersten Mal in meinem Leben ideale Grundvoraussetzungen, auf die sich immer wieder aufbauen lässt. Dennoch hätte dies im Verlauf der Zeit nicht über meine eigene Unzulänglichkeit hinwegtäuschen können. Ich erinnere mich heute noch an die amüsante, wenn auch wahre Aussage meiner Dozentin zurück, die erläuterte, dass die Menschen oft davon ausgingen, dass Sexualität etwas Natürliches sei, und sich mit dieser Annahme selbst unter Druck setzen würden. Menschengemachte Sexualität im heutigen Zeitalter entspreche dem allerdings bei Weitem nicht mehr, weil sich mittlerweile viel zu viele Mythen und Ammenmärchen darum ranken würden (Youporn lässt grüßen). Sie fügte an, als „natürlich" könne man vielleicht die Art und Weise bezeichnen, wie es die Hunde tun. Damit ist weder eine bestimmte Stellung gemeint noch, dass wir alle etwas tierischer werden sollten. Wir sollten uns lediglich darüber bewusst sein, dass eine gesunde, funktionierende und zufriedenstellende Sexualität keine Tugend ist, mit der wir auf die Welt kommen, sondern vielmehr auf Lernprozessen beruht. Und in diesem Zusammenhang liegt es auf der Hand, dass man sich im Laufe der Zeit sowohl förderliche als auch hinderliche Fähigkeiten aneignen kann. Habt ihr euch schon einmal überlegt, dass hinter dem bekannten Phänomen der vorzeitigen Ejakulation beim Mann eine Logik steckt? Es lässt sich wie bei so vielem nicht generalisieren, aber wie viele Männer nehmen sich tendenziell wirklich Zeit, wenn sie selbst Hand anlegen? Wie viele experimentieren, variieren und pausieren während dieser Sequenz? Ist es nicht wie bei manch anderem auch eher so, dass es gerne etwas schneller gehen darf? Schnell vor der Arbeit und schnell unter der Dusche etwa. Eine Fähigkeit die dabei erworben wird, lautet: Möglichst hurtig ans Ziel! Man(n) trainiert sich bei der Selbststimulation also etwas an, das wiederum in der Paarbeziehung auf wenig Erquickung stößt. Erkennt jemand den Widerspruch darin?

Ich beende nun meinen kleinen Ausflug ins Gebiet der Sexualwissenschaften und komme zurück auf das Hotelszenario. Ich weiß noch, wie wir die zwei Einzelbetten mit Kabelbindern aneinander befestigt haben, denn obwohl wir es gemächlich angingen, rutschten diese jedes Mal auseinander, wenn wir dem Spalt in der Mitte (bin mir der ungünstigen Wortwahl bewusst) zu nahekamen. Die Kabelbinder könnte man auch als Relikt davon betrachten, dass das kurz zuvor erlebte „Mini-Trauma", das ich in der Folge schildern werde, keine bleibenden Schäden bei mir hinterlassen hatte und mich nicht davon abhielt, ihn näher beschnuppern zu wollen.

Wir entledigten uns also in Absprache jedes Schrittes nach und nach unserer Kleidung, bis wir schließlich nur noch in Unterwäsche gegenüber auf dem Bett knieten. Endlich konnte ich ihm meinen prachtvollen und in liebevoller Sorgfalt ausgesuchten Büstenhalter präsentieren. Ja, er – der Büstenhalter – hatte womöglich ein etwas komplexes Erscheinungsbild. Ein Schleifchen hier, ein Schleifchen da, etwas Polsterung an den richtigen Stellen, aber ich fühlte mich über jeden Zweifel erhaben und stellte mir innerlich schon die ganze Zeit vor, wie ihm die Kinnlade herunterfallen würde. Er musste einfach angetan sein. Applejack starrte mich an, starrte meinen BH an und brachte schließlich in etwas nüchternem Tonfall hervor: „Das ist ein spezieller BH!"
Weder der frivole Affe in meinem Kopf noch ich selbst glaubten, was wir da zu hören bekamen. Ich wollte ein „Wow", ich wollte ein „Sexy Hexy", vielleicht ein paar staunende Äuglein oder wenigstens etwas Sabber, der ihm aus den Mundwinkeln tropft, aber auf ein „speziell" hätte ich in diesem Moment getrost verzichten können. Das Wort „speziell" findet schließlich oft dann Verwendung, wenn man nicht so direkt sagen möchte, dass einem etwas nicht gefällt. Es kann sich dabei durchaus um das kleine Geschwisterchen von „schlecht" handeln. Als „speziell" bezeichne ich allerdings auch, wenn ich von etwas koste, das ich zuvor noch nie gegessen habe und von dem ich noch nicht weiß, ob es mir schmeckt. Und ich denke, genauso hat er es in diesem Falle auch gemeint. Weder war er abgeneigt noch hellauf begeistert, weil er sich mit etwas konfrontiert sah, das in diesem Zusammenhang offenbar neu für ihn in Erscheinung trat. Für einen kurzen Moment bereute ich es, mich nicht doch für ein ausgewaschenes Modell entschieden zu haben, und fragte mich, weshalb ich gefühlt Stunden damit verbracht hatte, nach dem besten Pferd im Stall zu suchen. Offenbar schien dieses ja eher ein gewisses Maß an Überforderung als Begeisterungs-

stürme auszulösen. Ich hatte wohl auf den falschen „Gaul" gesetzt. Ein kleiner Einschub: An dieser Stelle würde mein Mann nun fragen, weshalb ich von Pferden spreche, und ich müsste ihm erklären, dass es sich dabei um ein Wortspiel handelt und ich mit dem vermeintlichen Gaul eigentlich meine Unterwäsche meine. Ich habe einmal eine von mir als spaßig empfundene Bemerkung über unsere Beziehungsdauer gemacht. Wir waren zu diesem Zeitpunkt seit ein paar Monaten liiert, woraufhin ich meinte, dass dies in der heutigen Gesellschaft eine lange Zeit sei. Etwas schadenfroh fügte ich hinzu, dass uns wahrscheinlich viele als Paar schon früher abgeschrieben hätten. Letztendlich betonte ich, die Zeitspanne von drei Monaten wäre immerhin deutlich länger, als ein Meerschweinchen trächtig sei. Er verstand nicht, weshalb mich diese Aussage amüsierte. Um fair zu sein: Womöglich hätten auch andere nicht darüber schmunzeln müssen. Ich glaube, ich finde mich selbst immer noch am witzigsten, aber ich weiche wieder vom Thema ab.

Auch wenn ich erstens andere Reaktionen gewohnt war und mir zweitens eine andere Reaktion gewünscht hätte, versuchte ich, locker damit umzugehen, weil ich ja wusste, dass er es nicht böse meinte. Heute können wir beide darüber lachen. Irgendwie logisch, dass wenn er in sämtlichen Lebensbereichen etwas anders tickt als der Durchschnittsbürger, dies auch auf die Sexualität überschwappt. Es gab Zeiten, in denen ich nackt vor ihm hätte herumtanzen können, ohne dass er dies auf sexueller Ebene registriert hätte. Dennoch war und bin ich sehr froh darüber, dass alles ein bisschen anders war und es immer noch ist. Hätte er genau gleich funktioniert wie manch anderer, so hätte ich trotz meiner Ausbildung wohl nie die Chance wahrgenommen, meine eigene Sexualität neu zu entdecken und dies immer noch zu tun. Indem ich ihm Zeit gegeben habe, habe ich wiederum auch mir selbst wertvolle Zeit geschenkt. Und für alle, die sich an dieser Stelle nun fragen: Nope, es ging an diesem Abend nicht weiter. Der spezielle Büstenhalter blieb angezogen und wenn die Kabelbinder nicht gestorben sind, so halten sie noch heute zusammen.

Einmal Brusthaar zum Kraulen bitte

Ja, manchmal wünschte ich mir einen Partner, bei dem sich nicht so viel um Sucht, Konsum und Medikamente drehen würde. Einen, mit dem ich öfters und ausgiebiger über Träume und Visionen sprechen und mich mit ihm darüber unterhalten könnte, welches Abenteuer wir als Nächstes erleben wollen. Einen, der bereits in der Lage wäre, sich weniger auf den Effekt von Cannabis und mehr auf seine Selbstwirksamkeit zu verlassen. Eine Person, die selbstverständlich Probleme haben dürfte, jedoch so adäquat damit umzugehen wüsste, dass sie nicht mehr Sucht mit Sucht bekämpfen müsste. Einen Mann, der öfters auch vorausschauend handeln könnte und nicht nur im Hier und Jetzt verharren würde.

Manchmal, da wünschte ich mir allerdings auch eine eigene Insel in der Karibik, ein Einhorn als Haustier und etwas mehr gesunden Menschenverstand für den Pöbel. Wenn in der Beziehung Wünsche offenbleiben, ist es an der Zeit, sich zu fragen, ob das, woran man festhält, überhaupt des Haltens wert ist. Dabei spielt es eine wichtige Rolle, welche Prioritäten man im Leben setzt. Ich bin zum Entschluss gekommen: Wenn ich einen Partner an meiner Seite hätte, mit dem ich all das könnte, was ich mit meinem Mann nicht oder nur reduziert kann, so würde dies lediglich dazu führen, dass sich mir andere Wünsche eröffnen würden. Angenommen, ich hätte einen etwas konventionelleren Partner, so würde ich mir wahrscheinlich wünschen, er wäre etwas unkonventioneller. Einen, mit dem nicht ständig Treffen bei Freunden anstünden, zu denen ich eingeladen wäre. Einen, der mir mehr Freiraum ließe. Einen, der nicht nur Superman, sondern auch Superwoman sein könnte. Einen, der zugleich herb und auch fein im Abgang wäre. Einen, der schönere Hände und eine etwas tiefere Stimme hätte. Einen, der nicht ständig hinterfragen würde, weshalb mir gerade alles zu viel ist. Einen, der etwas nicht nur tun würde, weil er es tun könnte, sondern weil er es tun wollte. Einen, dessen Hintern ein wenig wohlgeformter wäre und dessen Brusthaare ein bisschen mehr zum Kraulen einladen würden. Einen, der keine Spielchen spielte und sich nie aus Trotz nicht melden würde, sondern immer dann, wenn er es wollte, selbst wenn er derjenige wäre, der immer zuerst schreiben würde. Einen Kerl, bei dem sich Stabilität nicht in eine Starrheit verwandeln würde, aus der wiederum kein Wachstum mehr hervorgehen könnte. Einen, der mir nicht die Sterne vom Himmel holen, sondern sie mir erklären würde. Ich wünschte mir wahrscheinlich jemanden, der das Wort „Bereitschaft" erfunden hätte, meine Kreativität fördern und sie pragmatisch begleiten würde. Einen, der meine Welt etwas bunter und meinen Geist etwas wacher machen würde. Einen, mit dem Lust nicht nur im Kopf stattfände. Einen, den ich nicht aus praktischen und gewöhnlichen Gründen liebte, sondern bei dem ich die Liebe jedes Mal spüren könnte, wenn meine Hand in seiner läge, und es mir so vorkommen würde, als hätte sie immer schon dorthin gehört. Ich würde mir wohl einen Mann wünschen, der keine Kompensation für etwas wäre, das ich weder selbst bin noch habe, sondern eine Bereicherung dafür, was bereits existent sein würde. Einen, der mir keine Sicherheit gäbe, weil er besonders reich, stabil und stark daherkäme, sondern weil ich, wenn er mich in seinen Armen halten würde, wüsste, dass es keinen besseren Platz auf dieser Welt für mich gäbe als genau dort. Ich wünschte mir jemanden, mit dem ich achtsam sein könnte, innehalten und wachsen würde, ohne dass es je so geplant gewesen wäre. Einen, bei dem ich nicht ständig auf etwas anderes warten würde. Ein Stehaufmännchen und einen Menschen mit einer unerschütterlichen Lebensfreude, bei dem ich mir wünschte, er könnte sich selbst aus meinen Augen sehen, damit er erkennen könnte, wie schön er ist. Ich würde mich nach einem Mann sehnen, mit dem ich nicht nur lebte, sondern das Leben auch spürte, mit all seinen Höhen und all seinen Tiefen.

Kitsch, lass nach, aber ich glaube, genauso einen Mann würde ich mir wünschen und deshalb habe ich auch genau diesen Mann geheiratet.

Anomalie

Er hatte in der Nacht zuvor eine seltene Himmelsbeobachtung gemacht. Er hatte mit eigenen Augen eine Anomalie gesehen, in der sich von einem Stern – gemäß seiner Vermutung dem Sirius-Stern – eine vierfache Abspaltung ereignet hatte. Er teilte seine Beobachtung am nächsten Tag der ETH (Eidgenössische Technische Hochschule) mit, woraufhin diese antwortete, dass in besagter Nacht tatsächlich ungewöhnlich starke Bewegungen hätten verzeichnet werden können. Er war begeistert. Er erzählte nicht nur, er lebte beim Sprechen förmlich mit. Ich konnte seine Leidenschaft und Begeisterung für das, was er mit eigenen Augen gesehen hatte, spüren. Ich war weder gelangweilt noch genervt, sondern starrte ihn genauso fasziniert an, wie er das wahrscheinlich in Bezug auf seine Beobachtung getan hatte. Er berührte mich in diesem Moment so sehr, dass es mir die Tränen in die Augen trieb.

Er sprach von der unglaublichen Energie, die beispielsweise bei einer Supernova freigesetzt wird, aber ich war der Meinung, dass diese Kraft nicht zu vergleichen mit der Stärke an Liebe war, die ich in diesem Augenblick für ihn empfand. Ich hatte noch nie einen Menschen so begeistert von etwas sprechen hören. So energieraubend und lähmend seine zwischenzeitlich depressiven Phasen sein konnten, so ansteckend war in diesem Moment seine Lebensfreude. Keine Monotonie, sondern „la pura vida". Seit ich mit ihm zusammen war, lebte ich nicht nur, sondern spürte dies auch. Die Weltkugel bewegte sich unter meinen Füßen und ich bewegte mich mit. Diese Schwingung, die er in mein Leben gebracht hat, hält bis heute an und hat mir viel an Wachstum ermöglicht. Wachstum ist nicht nur zu einem prägnanten Teil von mir, sondern auch ihm, uns und somit unserer Beziehung geworden: Wir wachsen aneinander, miteinander und über uns hinaus. Ich betrachte es als eine Art Belohnung dafür, dass wir oft dort anfangen, wo andere Paare schon längst aufgegeben hätten. Durch seine Andersartigkeit wurde ich so stark mit mir selbst und insbesondere meiner eigenen Andersartigkeit konfrontiert, dass ich mich automatisch besser kennenlernen und weiterentwickeln musste, wenn wir als Paar eine gemeinsame Zukunft haben wollten. Vielleicht hätte ich ohne diese Entwicklung langfristig auch überhaupt nicht existent bleiben können, so leer, wie ich mich lange Zeit gefühlt hatte. Vorzeitiges Kapitulieren oder Explodieren wie ein Stern waren in meinen Augen niemals sinnvolle Optionen, die mich in meinem Leben irgendwie weitergebracht hätten. Dies hätte sich für mich eher nach einem Super-GAU als einer Supernova angefühlt. Als Anomalie bezeichnet man eine Abweichung vom Normalen, eine sogenannte Abnormität. Und genau das, was dieser Stern womöglich war, sind auch wir. Wir sind die Einhörner unter den Pferden, um dann wiederum Pferde unter Einhörnern zu sein. Ich lege kaum Wert auf Konventionen, aber habe trotzdem in Weiß geheiratet. Wir sind weder kirchlich noch standesamtlich vermählt, aber wollten trotzdem „Ja, ich will!" sagen, was wir in einer freien Zeremonie, nach unserem Gusto, auch getan haben. Er war ein Klient und ich eine seiner Betreuungspersonen und trotzdem habe ich manchmal den größeren Flick weg und wir haben es geschafft, aus etwas, das zum Scheitern verurteilt gewesen ist, etwas Fabelhaftes zu kreieren. Er hat das Asperger-Syndrom, aber ist alles andere als ein ritualisierter Mensch. Ich bin hochsensibel, aber höre trotzdem gerne laut Musik, damit ich sie besser fühlen kann. Ich mag Ruhe, er ist die Unruhe in Person. Ich spreche gerne über Emotionen, er über Physik. Manchmal, so scheint es, sind wir über alle Klischees erhaben. Unsere Beziehung ist eine Welt voller kleiner Gegensätze und großer Wunder. Nicht normal gut, aber anomal schön.

Über den Horizont hinaus

Er fragt mich mittlerweile jeden Tag, wie es mir geht, und beantwortet meine Gegenfrage, ob er sich denn gerade nur deshalb erkundige, weil er das Gefühl hätte, dies tun zu müssen, oft mit einem verheißungsvollen Schmunzeln. An dieser Stelle könnte man sich als Ottonormalverbraucher allerdings auch selbst die Frage stellen, wie oft man seinen Mitmenschen Interesse vorheuchelt.

Er konsumiert nach wie vor Cannabis und genehmigt sich ab und an einen Drink, jedoch erscheint dies lediglich wie ein klitzekleines Übel im Vergleich zu seinem früheren Medikamentenmissbrauch. Mittlerweile ist er davon losgekommen, sich verflüssigte Substanzen zu injizieren, und pflegt im Allgemeinen einen erheblich reflektierteren Umgang mit seinem Suchtverhalten.

Seine psychische Stabilisierung zeigte sich anfangs unter anderem darin, dass er sich nicht mehr vorwiegend zur Krisenintervention in eine Klinik begab, sondern auch die Absicht verfolgte, konkrete Fortschritte zu erzielen, indem er an Themen arbeitete. Er begann damit, dort hinzuschauen, wo er hinschauen musste und nicht nur dort, wo er es gerade wollte. Mittlerweile zeigen sich seine Fortschritte auch darin, dass die Abstände zwischen den stationären Aufenthalten immer grösser werden. So liegt sein letzter Aufenthalt mittlerweile über ein Jahr zurück, womit er einen persönlichen Rekord verzeichnen kann, führt man sich die Zeit davor vor Augen. Es gibt Momente, in denen er den Wunsch äußert, wieder einmal etwas Zeit in einer Klinik verbringen zu können. Dann besteht eine gewisse Sehnsucht nach einem Kokon, in dem kaum Erwartungen an ihn gestellt werden, er sich frei in einem vorgegebenen Rahmen bewegen kann und Ruhe vor dem Pöbel hat. Anfangs hatte ich nur wenig Verständnis dafür, weil ich der Meinung war, er müsse lernen, seinen Kokon ausschließlich außerhalb der Klinik zu finden. Mittlerweile kann ich seine Gedanken jedoch nachvollziehen. Trotz aller Fortschritte, die man als Mensch macht, der von der Norm abweicht, wird man sich immer oder zumindest immer wieder so fühlen, als gehörte man nicht auf diese Welt. Es lässt sich kaum vermeiden, dass man sich regelmäßig und auf unangenehme Art und Weise mit seiner Andersartigkeit konfrontiert sieht, für die es in unserer Gesellschaft nur bedingt Platz zu geben scheint. Man muss sich das in etwa so vorstellen, als wenn man nach einer anstrengenden Arbeitsphase Ferien benötigt, um sich von den Strapazen zu erholen. Während einige dafür auf die Malediven fliegen, verbringen andere diese Erholungszeit gerne in der Psychiatrie. Auch in Krisenzeiten ging es Applejack oft schon nach kurzer Aufenthaltsdauer in der Klinik bedeutend besser. Gerade bei seinen letzten Aufenthalten kam es nicht selten vor, dass er anderen Patientinnen und Patienten emotionalen Beistand leisten konnte. Menschen wie er finden sich an einem Ort wieder, an dem man je nach Befindlichkeit auch mal zu den Stärkeren gehören und für andere da sein kann, während draußen nicht selten das Gegenteil der Fall ist, weil man des Öfteren mit seinen Schwächen konfrontiert wird. Natürlich gibt es immer Wege, diese positiven Gefühle auch außerhalb des Klinik-Kokons zu erleben, aber meist ist dies für solche Personen mit einer unglaublichen Anstrengung verbunden, weil der Maßstab einfach deutlich höher ist. Und natürlich finanzieren sich Leute, die in die Ferien gehen, diese meist selbst, während es bei den Kosten für einen Klinikaufenthalt ein wenig anders aussieht. Wenn diese spezielle Form von Ferien allerdings dazu beiträgt, dass stationäre Aufenthalte infolge einer akuten Krise immer seltener notwendig werden, so haben wir schlussendlich alle gewonnen.

Auch ich konnte von seinen Fortschritten profitieren. Einerseits, weil es natürlich angenehmer ist, mit einer Person eine Beziehung zu führen, deren Verhalten nicht so wechselhaft ist wie das Wetter im April. Zusätzlich waren seine Lernschritte auch ein Anlass für mich, mein Leben einmal aus einer anderen Perspektive zu betrachten, weil ich mit ihm keinen Konventionen entsprechen musste. Ich hatte einen freien Geist und konnte Antworten auf Fragen finden, die mich schon länger beschäftigt hatten. Weshalb reagierte ich eigentlich, wie ich reagierte? Weshalb dachte ich, wie ich dachte? Weshalb fühlte ich, wie ich fühlte, und was wollte ich wirklich vom Leben? Im Grunde entschieden wir uns beide nochmals neu für das Leben.

Mein Mann musste sich die letzten Jahre ebenfalls dessen bewusst werden, wie er sein Leben künftig gestalten wollte. Es ist ein bis heute andauernder Prozess. Über ein Jahrzehnt lang hat Applejack keiner regulären Arbeit nachgehen können. Seine psychische Verfassung ließ dies nicht zu. Manchmal genügte es schon, dass das Thermometer über 20 Grad anzeigte oder eine Biene ihn verfolgte, damit er beschloss, im Bett zu bleiben, anstatt arbeiten zu gehen. Heute hat er eine 50-Prozent-Anstellung im zweiten Arbeitsmarkt. Jeden Morgen steht er dafür selbstständig und pünktlich auf, obwohl ihm die Tätigkeit weder sonderlich viel Spaß bereitet noch er sein Potenzial voll ausschöpfen könnte. Dennoch sieht er einen Sinn darin, da ihm die Tätigkeit Struktur verleiht und soziale Kontakte ermöglicht. Mittlerweile kann er die klare Vorstellung äußern, in absehbarer Zeit eine Ausbildung in Angriff zu nehmen, die ihn hinsichtlich seiner Stärken und Fähigkeiten mehr fordert. Vieles, was einst mehr einer Utopie glich, scheint heute realistisch zu sein.

Früher war er überfordert mit simplen Dingen, wie einer Zugfahrt. Heute besucht er mit mir Feriendestinationen, Konzerte und Familienanlässe. Nicht, dass dies immer leicht für ihn wäre, aber er lässt sich darauf ein und sammelt positive Erfahrungen, die ihn wiederum darin bestärken, sich auf weitere Erlebnisse ein- und negative hinter sich zu lassen.

So haben ihm unsere zahlreichen Gespräche auch dabei geholfen, negative Erfahrungen im zwischenmenschlichen Bereich um solche zu ergänzen, in denen es nicht darum ging, einer Norm zu entsprechen. Anfangs hat er bei hitzigen Diskussionen häufig zu seinem Rucksack gegriffen und hätte die Wohnung wohl fluchtartig verlassen, wenn meine Affen keine Straßenblockaden errichtet hätten. Immer öfters wurde es ihm jedoch möglich, unsere Dispute auszuhalten, auch wenn er anschließend jeweils einige Zeit benötigte, um das Gehörte einzuordnen, darauf zu reagieren und sich von dem, was es auslöste, zu erholen. Das heißt, jedes Mal, wenn ich etwas ansprach, das ihn überforderte oder triggerte, nahm ich gleichzeitig das Risiko in Kauf, dass er anschließend für mehrere Stunden, manchmal auch Tage in sich gekehrt war, ehe wir das Gespräch weiterführen konnten. Heute braucht er oft nur noch eine kleine Fluchpause auf dem Balkon, bis er zu mir zurückkehrt und wir konstruktiv weitersprechen können. Gleichzeitig habe ich wiederum gelernt, ihm Zeit für die Reaktion zu geben, wenn ich ihn mit etwas konfrontiere. Zeit, die er auch mir gibt, wenn ich wieder einmal blockiert bin. Als Gründe für diesen Fortschritt benennt er unter anderem seine Selbstregulationsfähigkeiten, die sich merklich verbessert haben, sowie das Wissen, dass sich sowohl seine als auch meine eigenen Emotionen wieder regulieren und nichts Endgültiges darstellen. Des Weiteren sei ich jemand, der ihm die Stirn biete, indem ich ihm mitteilen würde, wann mir etwas weshalb nicht passe, ohne jedoch ihm bei der anschließenden Lösungsfindung meine Ansichten überzustülpen. Er hat Vertrauen darin fassen können, dass ich stets um Kompromisse bemüht bin und nichts von ihm verlange, das er mir nicht im Stande zu geben ist. Dies beruht auf Gegenseitigkeit.

Seine gestärkte Resilienz bietet ihm heute ganz andere Möglichkeiten im Umgang mit Krisensituationen. Was früher zur Dekompensation geführt hat, trägt er nun mit einer gewissen Fassung. Auch muss ich ihm nicht mehr sämtliche Bedürfnisse unter die Nase reiben, sondern er ist immer häufiger dazu in der Lage, Strategien im Umgang mit meinen Affen abzurufen und anzuwenden. Es gibt zudem nur noch selten Tage, an denen er keine Lust auf körperliche Nähe hat. Es ist, als hätte er vieles davon, was für ihn einst befremdend war und eine gewisse Überforderung ausgelöst hat, in sein Gedankengut integriert.

Seine Freizeitbeschäftigung hat früher vorwiegend aus Konsum und Substanzbeschaffung bestanden. Er hat nicht wirklich gelebt, sondern überlebt. In den etwas euphorischeren Momenten blitzten ab und zu seine Freude an der Musik und am Leben selbst durch. Auch wenn er nach wie vor immer mal wieder mit Langeweile zu kämpfen hat und es ihm nicht leichtfällt, seine Freizeit befriedigend zu füllen, sind seine Interessen heute etwas weniger befindlichkeitsabhängig. Er sagt, er sei sehr dankbar dafür, dass im Vergleich zu früher eine Art Normalität in sein Leben getreten ist. Ich verstehe ihn, denn manchmal ist es schön, in den ganzen Anomalien, die einem im Leben so begegnen und der ständigen Konfrontation mit seiner eigenen Andersartigkeit, etwas Normalität empfinden zu können.

Es ist, was es ist –
Ein persönliches Gedicht

Liebe kann zwei Menschen prägen
und zu neuem Wachstum anregen.
Nichts, was wir an der Oberfläche sehen,
sondern was wir fühlen, wenn wir tiefer gehen.
Sie kommt in Wellen, die uns entgegenschlagen,
wenn wir unser Herz zu öffnen wagen.

Liebe wird nie nur Unzulänglichkeiten benennen,
sondern stets die Vollkommenheit erkennen.
Manchmal trügt der offensichtliche Schein,
denn Schätze können überall verborgen sein.
Liebe sollte nichts Fehlendes kompensieren,
sondern das bereits Vorhandene optimieren.

Liebe legt wenig Wert auf Traditionen,
sie handelt frei von Normen und Konventionen.
Liebe setzt sich gegen den Kopf zur Wehr
mag naiv sein und weiß doch oft mehr.
Liebe interessiert es nicht, wie ideal du bist,
weil sie kein Ort für Perfektion ist.

Bewerten
Sie dieses Buch
auf unserer
Homepage!

www.novumverlag.com

HERZ FÜR AUTOREN A HEART FOR AUTHORS À L'ÉCOUTE DES AUTEURS MIA ΚΑΡΔΙΑ ΓΙΑ ΣΥΓ
FÖR FÖRFATTARE UN CORAZÓN POR LOS AUTORES YAZARLARIMIZA GÖNÜL VERELIM S
PER AUTORI ET HJERTE FOR FORFATTERE EEN HART VOOR SCHRIJVERS TEMOS OS AU
ÖINKÉRT SERCE DLA AUTORÓW EIN HERZ FÜR AUTOREN A HEART FOR AUTHORS À L'ÉCO
АО ВСЕЙ ДУШОЙ К АВТОРАМ ETT HJÄRTA FÖR FÖRFATTARE Á LA ESCUCHA DE LOS AUT
ΜΙΑ ΚΑΡΔΙΑ ΓΙΑ ΣΥΓΓΡΑΦΕΙΣ UN CUORE PER AUTORI ET HJERTE FOR FORFATTERE EE
ÖINKÉRT SERCE DLA AUTORÓW EIN HERZ F
АО ВСЕЙ ДУШОЙ К АВТОРАМ ETT HJÄRTA F

Die Autorin

Für die 1988 in Luzern geborene Ramona Suter war das Schreiben schon als Kind ihr ganz persönlicher Weg, Erlebtes auszudrücken – eine Leidenschaft, die sie auch später nie verließ, ganz nach dem Motto: Sprechen ist Silber, Schreiben ist Gold. Nach dem Bachelor in Sozialer Arbeit führt sie ihre berufliche Laufbahn zu Tätigkeiten in sozialpsychiatrischen Wohnformen und nicht zuletzt zu einer Ausbildung zur Sexualberaterin. Ihrer Liebe zum Schreiben, zum Kreativsein und zum Philosophieren bleibt Ramona Suter in ihrer Freizeit immer noch treu, denn auf diese Weise kann sie sowohl ihr eigenes Inneres am besten erkunden als auch über ihren Tellerrand hinausschauen. Darüber hinaus würde sie am liebsten die ganze Welt entdecken – im Idealfall begleitet von einem guten Essen und von interessanten Filmdokumentationen.